애견의 심리와 행동

행동을 읽으면 마음이 보입니다

미즈코시 미나 감수 | 김 환 옮김

Green Home

인간과 개가 함께 하는
행복한 가정을 원하신다면…

「Human animal bond」라는 말을 알고 있습니까? 직역하면 「사람과 동물의 관계」. 동물, 특히 개는 사람의 건강과 행복에 커다란 영향을 준다는 것을 수많은 연구를 통해 보여주고 있습니다. 우리들은 매일 산책으로 건강을 찾고, 그리고 「○○이 엄마, 아빠」라고 불려지면서 개 때문에 많은 이웃을 사귀는 경험을 한 적이 있을 것입니다. 또한 슬플 때나 아플 때 개가 곁에 있는 것만으로도 마음이 빨리 정리되는 것도 알고 있습니다. 우리들은 개에게서 많은 은혜를 받고 있는 듯합니다.

하지만, 우리들은 개에게서 받는 것만큼 개한테 은혜를 베풀 수 있는 준비가 되어 있나요? 개를 이해하고 있나요? 물론 개에게 마음을 물어볼 수는 없습니다. 같은 사람이라도 문화 차이 때문에 서로 이해하지 못하는 일이 있는데, 전혀 다른 문화를 갖고 있는 개를 이해하는 것은 어려운 일입니다. 작은 오해가 굉장히 두터운 벽을 만드는 일도 있습니다. 그래도 사랑하는 사람의 일은 모든 것을 심지어 마음 속까지 알고 싶은 것처럼, 사랑하는 개에 대해서 모든 것을 알고 싶지 않습니까?

이 책은 개의 마음과 행동을 이해하여 주인과 개와의 좋은 관계를 이루기 위한 가이드북입니다. 개의 마음이나 행동을 아는 것으로, 왜 여러분의 개가 문제행동을 하는지 알 수 있습니다. 왜 길들이기가 잘 안 되는지도 알 수 있습니다. 단, 개의 심리학은 계속적인 연구로 발전하고 있는 학문이기 때문에 알 수 없는 것도 많습니다.

그렇지만 이 책을 읽으면서 개와 함께 많은 시간을 나누고, 세심히 관찰해 보세요. 그럼 반드시 지금까지와는 다른 무엇인가를 알게 될 것입니다.

많은 개들과, 많은 주인들이 행복해지길 진심으로 바랍니다.

Contents

1 개의 언어와 커뮤니케이션

개의 능력
개는 사람과 똑같이 감정이 풍부한 사랑스런 동물 ········· 10
개도 원하는 주인과의 즐거운 대화 ········· 12

보디 랭귀지
'기쁘다! 즐겁다! 사랑한다!' 를 표현하는 보디 랭귀지 body language ········· 14
커서도 놀고 싶은 마음! 주인을 유혹하는 개의 동작 ········· 16
가족은 무리의 소중한 동료, 만나지 못하면 외로워진다 ········· 18
공포에서 경고, 위협, 분노로 감정이 단계적 상승 ········· 20
마운팅 mounting 으로 상하 서열관계를 확인 ········· 22
반성하는 듯이 보여도 사실은 난처해하고 있을 뿐 ········· 24

인사
첫 만남이라도 인사는 거르지 않는 정직한 성격 ········· 26

카밍 시그널
개의 또 하나의 언어, 카밍 시그널 calming signal ········· 28
★ 대표적인 카밍 시그널 calming signal ········· 30

칼럼
장수시대가 왔다! 점점 오래 사는 개의 수명 ········· 36

2 다섯 감각과 본능

시각
눈 앞의 것은 잘 못 보지만, 넓은 시야로 멀리 볼 수 있다 ········· 38
사람을 훨씬 뛰어넘는 동체 시력과 야간 시력 ········· 40
개의 시선 속에 담겨져 있는 위협하는 마음, 존경하는 마음 ········· 42

청각
작은 소리, 높은 음은 절대 놓치지 않는다 ········· 44
소리의 고저와 장단을 구별하여 주인의 마음을 헤아린다 ········· 46

후각	사람의 1000 ~ 1억배! 놀랄 만한 후각 ………………………… 48
	페로몬pheromone을 얻을 수 있는 또 하나의 기관 …………… 50
미각	음식은 냄새로 선택! 사실 미각은 조금 둔하다 ………………… 52
촉각	주인이 쓰다듬으면 마음이 행복해진다 …………………………… 54
역사	사나운 늑대에서 순종하는 개로, 개가 거쳐온 진화과정 …… 56
성격	견종에 따라서 성격에도 차이가 있다 …………………………… 58
	★ 성격의 차이를 알 수 있는 견종 가이드 ……………………… 60
사회화기	인간사회에 융화하는 중요한 사회화 교육 ……………………… 64
리더	무리 속에서 서열 정하기는 늑대시절의 습성 ………………… 66
	믿음직한 리더를 위해 노력하는 것이야말로 개의 행복 …… 68
놀이	대부분의 개는 「실직상태」, 놀이로 본능을 만족시킨다 …… 70
	잡아끄는 장난으로 크게 흥분! 언제까지도 계속 논다 …… 72
칼럼	애완견 관련 법규 안내 ……………………………………………… 74

3 몸의 구조

얼굴	진화과정이 나타난 견종에 따른 얼굴형의 차이 ……………… 76
	감수성이 풍부한 개일수록 얼굴 표정도 풍부하다 …………… 78
뇌	개는 뇌가 발달한 머리가 좋은 동물 …………………………… 80
체형	표준체형을 유지하는 것이 건강의 첫걸음 ……………………… 82
골격	1살까지의 급격한 성장기에 평생 골격이 결정된다 ………… 84

Contents

꼬리	꼬리는 의사를 표현하는 커뮤니케이션 도구	86
발바닥 쿠션	신경이 집중하는 섬세한 부분	88
이	이를 가는 시기에는 이가 쑤셔서 안절부절	90
혀	맛만 느끼는 것이 아니다. 혀의 중요한 역할	92
털	여러 종류의 개의 털	94
	털은 몸을 보호하는 중요한 피부의 일부분	96
칼럼	강아지의 사회화를 가르치는 PUPPY CLASS	98

4 생활 속 행동과 심리

영역	편히 지낼 수 있는 자신만의 공간이 필요하다	100
	영역을 지키는 것은 타고난 본능의 하나	102
식사	끝없는 식욕은 굶주림의 공포 때문에	104
	식사의 주도권을 잡는 것이 주인의 리더십 UP!	106
산책과 운동	너무 기다려진다! 즐거운 산책	108
	근력 향상과 노화 예방도 매일 매일 운동으로	110
	외출할 수 없을 때에는 두뇌를 사용하는 놀이에 도전	112
화장실	소변을 보는 것은 기분 좋은 일	114
	마킹marking은 정보를 교환하는 중요한 일	114
수면	개가 안심하고 잘 수 있는 것은 주인의 보호가 있기 때문	118
그루밍	매일 브러싱을 하여 개와 커뮤니케이션을 하자	120
	몸을 깨끗이 하는 기분 좋은 샴푸	122
	발톱, 이, 귀 손질도 건강을 위해 잊지 말자	124

성 행동	암캐가 주도권을 잡는 개들의 연애 ··· 126
	거세·피임 수술의 필요성을 생각해본다 ··· 128

스트레스	개는 스트레스를 받기 쉬운 섬세한 동물 ·· 130
	스트레스 때문에 오는 여러 가지 몸과 마음의 변화 ···················· 132

질병	개는 참을성이 강한 동물, 작은 변화도 놓치지 말자 ···················· 134
	동물병원을 싫어하는 개는 건강관리도 힘들다 ····························· 136
	몸이 아플 때에는 착한 강아지가 못 된다 ····································· 138
	개는 학습하는 동물, 꾀병을 부릴 때도 있다 ································ 140

노화	진행되는 개의 고령화, 긴 노후를 어떻게 보낼까 ························ 142
	개의 노령화로 생긴 새로운 문제 「치매」 ······································· 144

칼럼	주인에게 바라는 책임감과 이성 ··· 146

5 길들이기로 성숙해지는 개의 마음

길들이기	길들이기는 개의 행복한 삶을 위한 패스포트 ································ 148
	칭찬을 받으면 의욕이 솟구친다 ··· 150
	때리면 사람을 불신하기도, 야단치는 방법에 조심을 ················ 152
	주인의 애매한 태도는 개를 혼란시킬 뿐 ····································· 154
	트레이닝은 조금씩, 오래하면 집중력이 떨어진다 ···················· 156
	갑자기 어려운 것에 도전하지 않는다 ··· 158
	★길들이기 훈련의 연장이기도 한 장애물 통과 Agility에 도전 ········· 160

문제행동	짖는 것은 본능이며 기쁨이다 ··· 162
	공격싱이 깅하거나, 공포심 때문에 무는 개도 있다 ·················· 164
	개가 뛰어오르는 것은 좋아하는 사람에 대한 인사 ···················· 166
	혼자 집을 지키면 울거나 난동을 부린다 ····································· 168

Contents

다른 애완동물, 갓난아이에게 질투의 불꽃이 이글이글 ·········· 170
정신적으로 불안해지면 소변을 싼다 ································ 172
땅을 파고 방바닥을 긁는 것은 에너지를 발산하지 못했기 때문 ···· 174
아무리 해도 다른 개와 친해지지 않는 것은 왜일까? ············· 176
자동차가 무섭다, 드라이브는 정말 싫다 ··························· 178
주어 먹기, 훔쳐먹기를 그만두지 않는다 ··························· 180
주인은 나를 따라오니까 산책코스는 내가 정한다 ················ 182

★개와 유대감이 깊어지는 텔링톤 터치 ···························· 184

| 칼럼 | 치료견 활동이란 ··· 188 |

6 사람과 개와의 관계

가족의 일원	개의 성격은 주인의 얼굴, 개에게서 가족관계가 보인다 ············· 190
	가족과의 이별은 개에게 최대의 쇼크 ································ 192
사회의 일원	사회에 공헌하는 작업견 ··· 194
	개가 가져다주는 육체적, 정신적 평온함 ··························· 196
	개의 행복은 모든 것이 주인의 몫 ··································· 198

1 개의 언어와 커뮤니케이션

개는 사람과 똑같이 감정이 풍부한 사랑스런 동물

개의 능력

수의학과 동물행동학의 발달로 밝혀진 개의 감정

「동물이란 언어가 없을 뿐만 아니라, 감각도 없고, 감정도 없고, 생각도 없다」 —— 이 말은 17세기 프랑스 철학자 데카르트가 한 말이다.

지금은 인류 최고의 친구라고 불리어지는 개도 불과 300년 전에는 이와 같은 취급을 받았다.

그러나 현대에 와서는 수의학과 동물행동학 연구를 통해서 동물에게도 감각과 감정이 있다는 것이 널리 알려지게 되었다.

개의 감정표현은 직구 승부! 알아주자! 솔직하고 순수한 마음

동물 중에서도 개는 머리가 매우 좋은 고등동물이다. 인간의 뇌와 개의 뇌를 비교해보면, 정보를 기억하거나 사고를 담당하는 대뇌신피질(大腦新皮質)만은 차이가 있지만, 정동(情動, 마음이 움직이고 감동됨. 정서라고도 함)을 담당하는 대뇌변연계(大腦邊緣系)는 거의 차이가 없다. 즉, 개에게도 인간과 거의 똑같은 기쁘다, 즐겁다, 슬프다, 좋아한다, 싫어한다 등의 풍부한 감정이 있다.

인간과 개를 일괄적으로 비교할 수는 없지만, 개의 인지능력이나 문제해결능력은 2살 아이 정도의 능력으로 보고 있다.

단, 개는 자신의 행동 때문에 일어나는 미래의 결과를 예측하지 못한다.

즉, 「주인을 곤란하게 만드는 장난을 치자」라든가, 「사실은 기쁘지만 냉담한 태도를 보이자」 등과 같은 사고회로가 없다는 것이다. 기쁜 것은 기쁘고, 외로운 것은 외롭다고 느낀다. 어디까지나 솔직하고 직접적인 것이 개의 감정이다.

개는 자신의 행동 때문에 일어날 미래의 결과를 예측하지 못한다. 현재의 마음을 직접적으로 표현한다.

:: 개에게도 인간과 같은 풍부한 감정이 있다 ::

개도 원하는 주인과의 즐거운 대화

주인의 태도나 목소리의 종류로 말의 의미를 캐치!

개는 인간의 말을 할 수 없지만, 인간의 말을 이해할 수 없다고는 단정지을 수 없다.

「착하구나」,「아주 잘했어」라는 칭찬의 말에 개가 기쁘게 반응하는 것은 개를 키워본 사람이면 누구나 경험했을 것이다. 반대로 「바보 같은 녀석」 등의 말을 들을 때에는 토라지거나 으르렁거리는 개가 있는 것도 사실이다.

개가 이해하는 것은 말 자체가 갖는 의미보다 그 말에 담긴 인간의 감정이다. 말할 때 주인의 태도나 목소리의 상태에서 그 말이 애정이 담긴 말인지, 악의가 있는 말인지를 판단하여 그것에 반응한다고 한다.

또한,「산책」 등 주인의 감정이 들어 있지 않은 단어인 경우에는 그 말 다음에 오는 행동 결과와 연결시켜 학습한다. 그렇기 때문에 대부분의 개는 「산책」이라는 말을 듣는 것만으로 「산책을 간다」는 즐거운 결과와 연관시켜 기뻐한다. 반대로 산책을 싫어하는 개는 산책을 고통스러운 것으로 받아들여 방구석으로 도망가거나 케이지 안으로 숨기도 한다.

스킨십과 말을 걸어주면 말을 이해하는 개로 기를 수 있다

일반적으로 개는 20~100개 정도의 단어를 알아듣는다고 한다. 그럼 20개 단어 밖에 모르는 개와 100개 단어를 알아듣는 개는 도대체 무엇 때문에 차이가 나는 것일까?

그것은 한마디로 주인과의 관계다. 줄에 묶인 채 식사나 산책 정도 밖에는 주인이 돌보아주지 않는 개는, 말을 해주는 기회가 적어 좀처럼 말을 기억할 수 없다.

한편, 실내에서 길러 주인한테 항상 말을 듣는 개는 차츰차츰 말을 기억하여, 나중에는 「이 일이 끝나면 놀아줄테니 조금만 기다려」라는 등의 복잡한 회화도 이해하게 된다.

이것은 우리들이 외국어를 공부하는 것과 같은 상황이다. 개의 언어를 모국어로 하는 개가, 사람의 말이라는 외국어를 기억하기 위해서는 보다 많은 말을 들을 필요가 있는 것이다.

개는 보디 랭귀지body language로 마음을 전하려고 한다

개는 사람의 말을 기억하고여, 사람의 지시를 일방적으로 기다리는 것만은 아니다.

개의 조상인 늑대는 사람처럼 무리(= 사회)를 지어 생활한다. 무리 속에서는 동료와의 의사소통이 중요한 포인트다. 그들은 온몸을 총동원하여 보디 랭귀지로 여러 가지 대화를 한다. 애완견으로 길러지고 있는 개한테도 주인과 그 가족은 무리 속의 동료이다. 현대의 개들은 타고난 커뮤니케이션 능력을 크게 발휘하여, 우리에게 열심히 말을 걸고 있는 것이다.

:: 개는 온몸으로 이야기한다 ::

귀
- 경계하고 있을 때는, 귀를 쫑긋 들어올려 주위 소리를 들으려고 한다.
- 위협할 때는, 귀를 세우고 앞으로 향한다.
- 공포를 느낄 때는, 귀를 뒤로 젖힌다.

자세
- 강하게 위협할 때는 자세가 높다.
- 약한 모습으로 무서워할 때는 자세가 낮다.

꼬리
- 기쁠 때는, 허리와 함께 크게 좌우로 흔든다.
- 흥분하거나 경계할 때는, 아주 조금 좌우로 움직인다.
- 무서워할 때는, 엉덩이를 감추듯 둥글게 감아 밑으로 넣는다.
- 위협할 때는, 꼬리를 세워 크게 보이도록 한다.

짖는 소리
- 기쁠 때나 경계, 요구를 표현할 때 「왕, 왕」
- 외로움, 불안, 응석을 표현할 때 「컹, 컹」
- 공포니 고통을 표현할 때 「깽, 깽」
- 동료를 부르거나 흉내낼 때 「우 ~ 오」
- 화를 내거나 위협을 표현할 때 「으르릉」

'기쁘다! 즐겁다! 사랑한다'를 표현하는 보디 랭귀지 body language

기쁠 때는 표정도 생기가 넘친다

「사랑하는 주인과 함께 있어 정말 기쁘다」, 「시원하고 상쾌한 바람은 스치고, 가까이 사는 강아지 친구랑 꽃향기도 맡고, 산책을 하면 싱글벙글 정말 기분이 좋아져」, 「공을 쫓아가는 것은 너무너무 좋아. 즐거워 정말 즐거워」──.

기쁘고, 즐겁고, 기분이 좋을 때 개는 꼬리를 흔들거나 몸을 비비꼬거나 껑충껑충 뛰기도 하고, 주인을 올려보면서 빙빙 돌기도 하며, 「왕, 왕」하고 밝은 소리로 짖는 등, 어쨌든 가만히 있지 못한다. 그것은 이런 감정들이 큰 의미에서는 「흥분」으로 분류되기 때문이다.

그럴 때 개는 눈을 가늘게 뜨고, 입꼬리가 올라가고, 혀를 내밀면서 「헉, 헉」하고 숨도 거칠어진다. 그 표정은 마치 사람의 웃는 얼굴과 닮았다.

또한, 주인이 조용히 몸을 쓰다듬어주어 마음이 안정되고 만족해하는 경우에는, 주인에게 몸을 맡기고 온화한 표정으로 목에서 그르렁거리는 소리도 낸다.

주인에게 키스하는 것은 어미한테 하는 응석과 애정표현

'기쁘다, 사랑한다'는 마음이 상승되면 개는 주인의 얼굴, 특히 입가를 할짝할짝 핥는다. 이것은 남아 있는 늑대시절의 습성이다. 어미늑대는 한번 삼켜서 어느 정도 소화된 음식물을 토해 내어 새끼들에게 준다. 이 때문에 새끼들은 어미의 입가를 핥아 식사를 조르는 것이다.

전해지는 말에 의하면, 입가를 핥는 행위는 어미에게 응석이나 애정을 표현하는 것이라고 한다. 그 습성은 1만년 이상 지난 현재에도 어미를 대신하는 주인에게 하는 애정표현으로 이어져 내려오고 있는 것이다.

기쁠 때나 즐거울 때, 개는 가만히 있을 수 없어 그 감정을 온몸으로 표현한다.

:: 꼬리는 기쁠 때만 흔드는 것은 아니다 ::

개가 꼬리를 흔들면「기뻐하는구나」라고 생각하기 쉽다. 개는 흥분하면 꼬리를 흔드는데, 그 흥분 가운데는「공격성이 높아졌을 때」의 감정도 포함된다. 몸의 부분행동으로 판단하지 말고, 온몸의 움직임에서 개의 마음을 읽도록 하자.

	기쁠 때	공격성이 높아졌을 때
짖는 소리	「왕, 왕」하고 가볍고 밝게 짖는다.	「으르릉」거리거나, 「왕, 왕, 왕, 왕」하고 연달아 계속 짖으며, 코를 들어올리고, 이를 보인다.
꼬리	허리와 함께 천천히 크게 좌우로 움직인다.	짧게 좌우로 움직인다. 이 때 꼬리털을 세우고 긴장한다.
귀	머리 뒷부분으로 바짝 당겨진 듯한 모양으로 되지만, 긴장하고 있는 것은 아니다. 긴장한 경우에는 「무섭다」는 의미이다.	귀를 수직으로 세우는데, 더 흥분하면 앞 방향으로 눕힌다.

습성 Habit

성견이 되면 천천히 고쳐지는 「희뇨」

강아지 중에는 기쁜 일이 있으면 흥분한 나머지 오줌을 싸는 강아지가 있다. 이른바 「희뇨」라는 것인데, 그것은 어미가 강아지의 요도 입구를 핥아 강아지의 배설을 촉진하는 습성이 남아있기 때문이다. 이 습성은 어미(= 주인)에게 복종과 「나는 아직 보호가 필요한 약한 강아지다」라는 마음을 나타내고 있다. 성장하면서 요도괄약근도 발달하고, 개 스스로 자신이 붙으면서 자연히 고쳐지므로 걱정할 필요는 없다. 만일 성견이 되어도 고쳐지시 않는 경우에는 그 개에게 자신이 없다는 증거이므로, 큰소리로 야단치거나 계속해서 잔소리하는 것은 역효과를 나타낸다.

커서도 놀고 싶은 마음!
주인을 유혹하는 개의 동작

보디 랭귀지

사람과 살면서 길러진 놀기 좋아하는 성격

대부분의 동물은 어린시절 놀이를 통해서 어른이 되기 위해 필요한 것을 배운다. 개의 조상인 늑대도 일정한 나이가 될 때까지는 여러 가지 놀이를 한다.

그러나 늑대는 어른이 되면 살아가기 위해 사냥을 해야 한다. 또한 어느 정도 나이가 되면, 무리의 구성원으로서 어리고 약한 늑대를 지키는 보호자 입장으로 바뀌기 때문에 놀이를 졸업해야만 한다.

한편, 사람과 함께 사는 개는 사냥할 필요가 없고, 주인에게 보호받는 생활이 보장되기 때문에 무리해서 어른이 될 필요가 없다. 그렇기 때문에 성견이 되어도 강아지 때의 순진한 마음 그대로 주인에게 놀자고 조르는 것이다.

개는 평화주의자 놀이는 싸움을 피하는 처세술

개는 다양한 보디 랭귀지로 주인에게 놀자고 유혹한다. 절하는 것과 비슷한 자세나 손짓 등 몇 가지 동작이 있기 때문에 언뜻 보면 의미 없는 행동으로 생각할지 모르지만, 이런 움직임은 모두 「사회적인 복종」을 나타낸다.

자세를 낮추는 것도, 배를 보이는 것도, 상대의 입가를 핥는 것도, 원래는 무리 속에서 지위가 낮은 늑대가 지위가 높은 늑대에게 보이는 행동이다. 그 행동 속에는 「나는 당신보다 아래의 입장이니 싸움을 걸 의도는 없다. 당신을 신뢰하고 있다. 그러니 사이좋게 함께 놀자!」라는 마음이 숨어 있다.

즉, 늑대한테 놀이는 무리 속에서 불필요한 투쟁을 피하는 처세술이다. 당연히 그 습성은 자손인 개에게도 이어졌고, 놀자고 유혹하는 상대는 친하게 지내고 싶은 사람, 무리의 동료로 인정받고 있는 사람으로 볼 수 있다.

단, 일반적인 복종행동과는 달리 개가 놀자는 목적으로 취하는 복종자세는 반드시 그 개의 지위가 낮음을 나타내는 것은 아니다. 성견이 강아지와 놀아줄 때, 서열이 높은 개가 낮은 개와 놀아주려고 할 때 등은 강한 개가 스스로 배를 보이면서 자신은 위협할 의사가 없다는 것을 나타내어 약한 개를 놀이에 유도하기도 한다.

:: 주인에게 놀자고 조르는 여러 가지 동작 ::

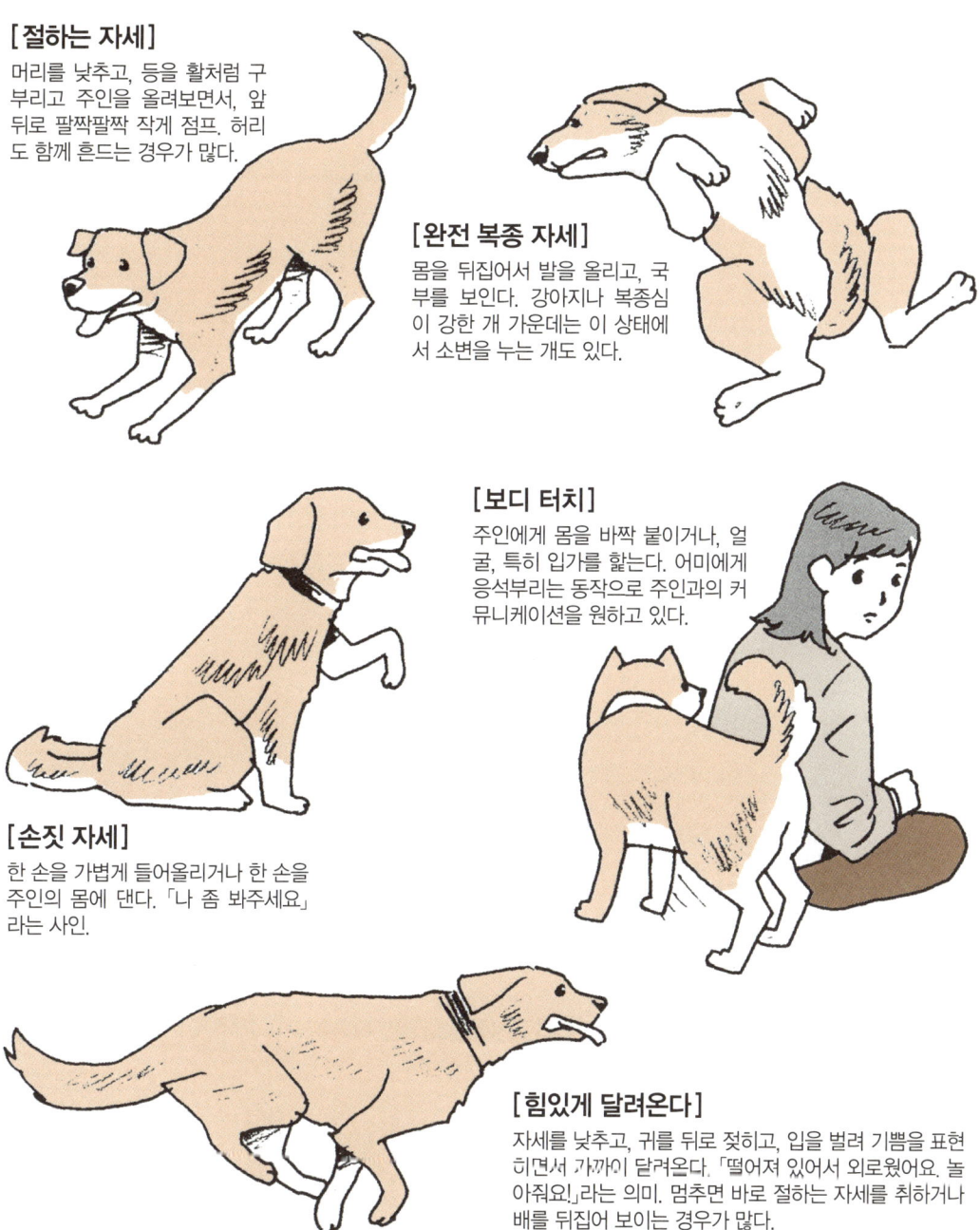

[절하는 자세]
머리를 낮추고, 등을 활처럼 구부리고 주인을 올려보면서, 앞뒤로 팔짝팔짝 작게 점프. 허리도 함께 흔드는 경우가 많다.

[완전 복종 자세]
몸을 뒤집어서 발을 올리고, 국부를 보인다. 강아지나 복종심이 강한 개 가운데는 이 상태에서 소변을 누는 개도 있다.

[보디 터치]
주인에게 몸을 바짝 붙이거나, 얼굴, 특히 입가를 핥는다. 어미에게 응석부리는 동작으로 주인과의 커뮤니케이션을 원하고 있다.

[손짓 자세]
한 손을 가볍게 들어올리거나 한 손을 주인의 몸에 댄다. 「나 좀 봐주세요」라는 사인.

[힘있게 달려온다]
자세를 낮추고, 귀를 뒤로 젖히고, 입을 벌려 기쁨을 표현히면서 가까이 달려온다. 「떨어져 있어서 외로웠어요. 놀아줘요!」라는 의미. 멈추면 바로 절하는 자세를 취하거나 배를 뒤집어 보이는 경우가 많다.

보디 랭귀지

가족은 무리의 소중한 동료
만나지 못하면 외로워진다

가족의 형태가 바뀌는 것만으로 우울해지기도 한다

개는 본래 무리를 지어 생활하는 동물이다. 현대의 개한테 무리는 곧 가족이다. 때문에 지방발령으로 아버지가 집을 떠나는 등 무리의 멤버인 가족의 형태가 변화하는 것만으로도 개의 정신 상태는 크게 동요한다. 동료를 만날 수 없다는 외로움 때문에 우울해질 수도 있다.

이런 경향은 자신을 잘 돌보아주던 사람이 없어진 경우에는 더욱 뚜렷하게 나타난다. 외로운 상태가 오래 계속되면 식욕을 잃거나, 오랜 시간 계속 짖는 등 여러 가지의 행동 변화가 일어난다.

외로울 때는 애달픈 울음소리로 표현

한편, 주인이 잠시 관심을 보이지 않는 등의 일시적인 외로움일 때는, 코로 소리를 내면서 「커—엉, 커—엉」하고 애달픈 소리로 주인의 관심을 끌려고 한다. 그 때 개의 표정은 슬픈 눈으로 허공을 올려다보면서 맥없이 어깨를 떨어뜨리고 무척 외로운 모습이다.

또한, 불안을 느낀 경우에는 주인에게 바짝 몸을 붙이거나, 주인 뒤에 숨는 듯한 행동을 취하기도 한다.

습성 Habit

멀리 짖는 것도 외로움의 표현?

한 마리의 개가 울면 근처에 있는 개들이 그 소리에 맞추어 멀리 짖는 대합창을 하는 경우가 있다. 그것은 무리로부터 멀리 떨어진 곳에서 「우~오, 우~오. 여기 있어—」라고 멀리 있는 동료를 부르던 습성이라고 한다. 한편, 구급차 사이렌이나 물건 파는 트럭의 마이크 소리, 악기나 노래에 맞추어 멀리 짖듯이 소리를 높이는 것은, 「그 음의 주파수가 고통이나 불쾌감을 불러일으키기 때문」이거나, 「흉내내는 행동의 일종」이라는 여러 주장이 있지만 정확한 의미는 밝혀지지 않았다.

외로울 때의 특효약은 주인의 따뜻함

무리를 져서 생활하는 개는 혼자 있으면 강한 불안함을 느낀다. 그렇기 때문에 주인과 떨어지거나, 주인의 무관심은 매우 고통스러운 일이다. 이런 정신적인 쇼크는 면역력을 저하시켜 건강까지도 해친다. 개의 권리의식이 높은 서양에서는 개를 주인의 방과 멀리 떨어진 밖에 묶어둔 채 놓아두는 것만으로도 니글렉트(neglect, 방치)라는 학대로 보기도 한다.

개는 항상 주인에게 따스함이나 부드러운 말을 바라고 있다. 만일, 급한 일이나 여행 등으로 개를 어딘가에 맡겨야 할 경우에는 좋아하는 장난감이나 쿠션 등과 함께 주인의 냄새가 나는 옷을 함께 가져간다. 그 옷에 얼굴을 비비는 것만으로도 개는 어느 정도 외로움을 달랠 수 있다.

:: 오랜 기간의 외로움 때문에 일어나는 행동 변화 ::

●계속 짖는다
주인을 부르는 의미도 있지만, 정신적으로 불안정해서 일으키는 상동행동(정신적 불안으로 같은 행동과 말을 계속 반복하는 것)의 하나라고 본다.

●앞발을 계속해서 핥는다
이것도 상동행동의 하나. 계속해서 핥으면 피부가 문드러져서 지성피부염(舐性皮膚炎)이 되는 일도 있다.

●식욕을 잃는다
건강한 개가 식욕부진이 되는 경우는 없다. 식욕부진은 몸이나 마음에 문제가 있다는 징조.

●용변가리기 실패가 거듭된다
이미 용변가리기가 길들어져 있는 개가 정해진 장소 외에 대소변을 볼 때는 정신적인 스트레스를 느끼고 있는 경우도 있다.

공포에서 경고, 위협, 분노로 감정이 단계적 상승

보디 랭귀지

속마음은 공격하고 싶지 않지만 경고만은 하자

개가 이를 드러내고 「으르렁」거리는 모습을 보면, 지금이라도 덤비는 게 아닌가 하고 경계한 적이 있을 것이다. 그러나 개는 원래 궁극적으로 평화주의자다. 본심은 이익없는 싸움은 피하고 싶어하는 동물이다.

그런 개가 으르렁거리는 것은 낯선 사람이나 다른 개가 자신의 영역에 침입했을 때처럼 자신이 위험하다고 느꼈을 때다. 개 입장에서는 어쩔 수 없이 「여기는 나의 영역이다. 더 이상 가까이 오면 공격한다」라는 경고의 의미로 위협하는 자세를 한다.

그러나 이렇게 위협하는 행동도 전부 본심이라고는 할 수 없다.

언뜻 보기에는 위협 자세처럼 자세로 보여도 공포심이 강한 개는 「어딘가 도망갈 곳이 없나」하고 몸을 뒤로 빼는 듯한 자세를 잡고, 기가 센 개는 「더 이상 가까이 오면 정말 공격하자」라고 몸을 넘어질 듯 앞으로 기울인다.

위협이 통하지 않았을 때는 정말 공격행동을 하기도 한다

경고했는데도 상대가 떠나지 않았을 경우에

● 전형적인 위협의 포즈

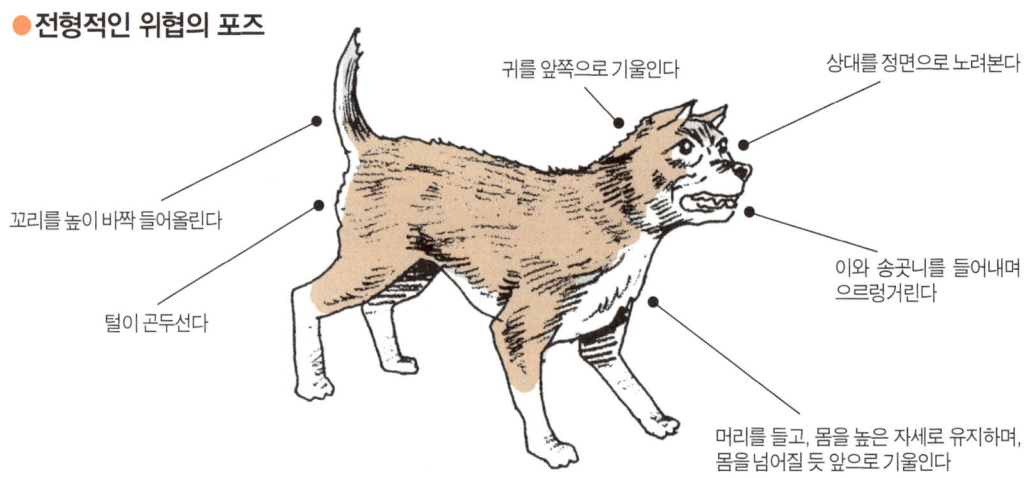

- 귀를 앞쪽으로 기울인다
- 상대를 정면으로 노려본다
- 꼬리를 높이 바짝 들어올린다
- 털이 곤두선다
- 이와 송곳니를 들어내며 으르렁거린다
- 머리를 들고, 몸을 높은 자세로 유지하며, 몸을 넘어질 듯 앞으로 기울인다

개가 다음 행동을 어떻게 하느냐는 개의 마음 속에 공포심과 공격의도 중 어느 쪽이 더 강하냐에 따라 달라진다.

공격의도가 높아진 개는 귀를 수직으로 세워 앞으로 향하고, 코에 주름을 모으면서, 이를 들어내고 으르렁거리며 화를 낸다. 한편 공포심이 높아진 개는 귀를 뒤로 젖히고, 입술을 수평으로 당기면서 으르렁거린다.

또한, 결과적으로 같은「무는」행동을 했더라도, 공격성이 지나치게 강한 나머지 달려들어 무는 경우(선제 공격성)와 너무 무서운 나머지 자신을 지키려고 물어버리는 경우(방어적 공격성) 등 두 종류가 있다.

:: 공격의도나 공포심이 높아졌을 때의 표정 ::

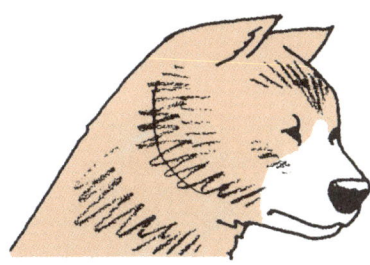

공격의도나 공포심이 거의 없는 상태.
약간 경계심이 있는 표정.

공격의도가 높아지면…

귀가 앞쪽으로 기울어지고, 코에 주름이 모이면서, 이를 드러내고, 으르렁거린다.

공포심이 높아지면…

귀를 뒤로 젖히고, 입술을 수평으로 당긴다.

공격의도도 공포심도 높아지면…

귀는 뒤로 젖혀져 있지만, 코에 주름이 모이고, 이 전체를 드러내면서 으르렁거린다. 그 상황에서 도망칠 수 없으면 무서운 나머지 달려들어 물어버릴 때(방어 공격성)의 표정이다.

마운팅 mounting으로 상하 서열관계를 확인

보디 랭귀지

허리를 누르면서 붙이는 것을 성 행위로 결정짓지 말자

개는 주인의 발에 걸터앉아 허리를 누르면서 붙이거나, 슬리퍼나 봉제인형을 끌어안고 허리를 앞뒤로 움직이는 경우가 있다. 이것이 마운팅이라는 것이다. 수캐 가운데는 너무 흥분한 나머지 발기되는 개도 있는데, 이를 성 행위로 생각하여 「이런 이 녀석 부끄럽게」라든가, 「어서 빨리 짝을 찾아야겠군」하고 생각하는 사람이 많다.

분명히 교미 목적으로 수캐가 암캐를 올라타는 행위가 마운팅이며, 교미 상대가 없는 수캐가 암캐 대신에 마운팅하는 사례가 없는 것도 아니다.

그러나 일반적으로 동물은 자신과 다른 종류의 동물에게 성적 매력을 느끼는 경우는 없다고 한다.

마운팅은 수캐뿐만 아니라 암캐도 하는 행위다. 반드시 성적인 의미로 단정지을 수는 없고, 단지 흥분상태일 때에 할 때가 있다. 개가 사람에게 허리를 누르면서 붙이는 행위의 대부분은 기뻐서 달라붙으면서 안기려는 행동으로 생각하는 편이 좋다.

마운팅은 서열을 정하기 위한 행동이기도 하다

그럼 같은 개끼리 마운팅을 하는 경우에는 전부 성적 행동일까? ─ 그것도 대답은 No이다.

무리를 짓는 동물에게 무리 속에서 자신의 지위를 나타내는 것은 중요한 사회행동의 하나다. 마운팅은 「내가 더 힘이 세다」라든가, 「내게 반항하지 말라」는 의사를 전달하기 위해 성적 행동을 의식화한 것이기도 하다.

그렇기 때문에 마운팅은 수캐끼리도 하고, 암캐끼리도 한다. 때로는 암캐가 수캐한테 올라타 자신의 우위성을 나타내기도 한다.

개는 강아지 때부터 형제들과 놀이를 통해서 마운팅을 처음 하게 되고, 우위성을 나타내는 여러 가지 보디 랭귀지 교육을 익힌다. 이 교육은 마침내 성견이 되었을 때 개끼리의 서열을 정하거나, 때로는 주인의 몸에도 올라타는 행동으로 발전하기도 한다.

:: 우위성을 나타내는 행동 ::

뒤에서 상대를 덮쳐 교미자세를 취하는 전형적인 마운팅 행동이다.

상대의 등 위에 앞발로 올라선다. 또한, 상대의 등에 턱을 얹는 것만으로도 우위성을 나타내는 표현이 된다.

상대의 얼굴을 앞발로 쓰다듬는다.

앞발로 상대를 누르고 귀 뒤나 목, 어깨를 가볍게 문다.

상대의 귀를 핥는다.

PART 1 • 개의 언어와 커뮤니케이션

반성하는 듯이 보여도 사실은 난처해하고 있을 뿐

보디 랭귀지

반성하는 자세가 되는 것은 예전에 야단맞았던 기억 때문

무엇인가를 실패하면 개 중에는 몸을 둥글게 오므리고, 어깨를 떨어뜨린 채 미안한 듯 눈을 치켜뜨고 주인을 올려보거나, 잘 보이지 않는 장소에 숨어서 주인의 눈치를 살피는 행동을 하는 개가 있다.

그런 모습은 어떻게든 자신의 실수를 반성하고, 주인에게 용서를 구하는 것처럼 보인다. 그러나 사실은 반성하고 있는 것이 아니라, 과거에 같은 상황에서 야단맞았던 것을 기억해내어 또 야단맞는다고 생각하고 경계하는 것이다.

실패나 못된 장난을 야단칠 때는 현행범이 아니면 의미가 없다

개에게 하고 싶지 않은 것을 이해시키려면 가르치는 타이밍이 무엇보다 중요한 포인트다. 테이블 위에 발을 걸치면서 바로 식탁의 음식을 집으려는 순간이나, 바닥에 떨어진 책을 물어서 찢으려는 순간에 야단맞을 경우에는, 개는 「이것은

Attention 주의

고인 물을 보면 반성하는 개

용변가리기를 실패할 때마다 싸 놓은 소변이 있는 장소까지 끌려가 주인에게 심하게 야단맞았던 개가 있었다. 그 때마다 개는 몸을 움츠리고 죄송하다는 듯한 태도를 취했다. 주인은 「이만큼 반성하고 있으니, 다음에는 실패하지 않겠지」라고 생각하였다. 그러나 개의 용변가리기 실패는 전혀 고쳐지지 않았다.
언젠가 가족 중 한 사람이 음료수를 엎질러서 마루에 물이 고여 있었다. 그러자 이 개는 자신이 용변가리기를 실패하여 소변을 본 것도 아닌데, 몸을 움츠리고 반성하는 자세를 취했다고 한다.
즉, 이 개는 「마루에 물이 고여 있으면 주인이 화를 낸다」고 기억하고 있었고, 자신이 용변가리기를 실패했기 때문에 야단맞았다고는 생각하고 있지 않았던 것이다.

해서 안 되는 것이다」라고 이해한다.

그러나 주인이 외출했을 때 아무곳에 용변을 가렸거나, 간식을 먹었거나, 바닥을 파서 헤집어 놓는 등 개 자신이 아무 생각없이 잊어버리고 한 일을 주인이 귀가한 후에 발견하여 야단쳐도, 개는 왜 야단맞는지 전혀 짐작하지 못한다.

그럴 때 개의 마음은 「이유는 잘 모르지만, 어쨌든 주인이 화를 내고 있다. 시간이 지나면 기분이 풀려서 언제나처럼 부드러운 주인으로 돌아오겠지」라고 생각한다.

반성이라기보다는 평소와 다른 주인에게 당혹하여, 몸을 움츠리고 폭풍우가 지나갈 때까지 단지 가만히 기다린다는 표현이 꼭 알맞을 것이다.

두서없이 무조건 야단치는 것이 아니라, 개가 이해할 수 있는 적절한 타이밍에, 인간사회에서 생활해 나가기 위한 규칙을 가르쳐야 한다.

그러기 위해서는 「야단」치는 것과 동시에, 주인의 칭찬을 기대하고 한 행동은 꼭 칭찬해 주는 것이 중요하다. 이것은 「야단칠」 때처럼 바르게 행동한 순간에 칭찬받아야, 개는 「이렇게 하면 주인이 기뻐하는구나. 이렇게 하면 좋은 일이구나」라고 이해할 수 있다.

:: 반성하는 것은 「나쁜 행동을 한 순간」에 야단쳐야만 ::

나쁜 행동이나 못된 장난을 한 순간에 야단맞을 때는, 「해서는 안 되는 것」이라고 이해할 수 있다.

장난치고 난 후 시간이 지나서 야단맞으면 개는 왜 야단맞았는지를 모른다.

첫 만남이라도 인사는 거르지 않는 정직한 성격

엉덩이 냄새를 맡는 것이 개의 인사

원래 무리를 짓고 생활했던 개한테는 인사가 결코 잊어서는 안 되는 중요한 사회 행동이다. 예를 들어, 처음 만나더라도 두 마리 이상의 개가 모이면 각각 정보를 교환하고 인사가 시작된다.

주인 입장에서는 상대 개의 이름이나 성별이 신경 쓰이지만, 개한테 필요한 정보는 두말 할 것 없이 상대의 냄새다. 특히 항문 가까이에 있는 항문선에서 나오는 분비물은 개에 따라 냄새가 다르기 때문에 상대를 식별하는 명함 같은 역할을 한다.

이 때 당당히 자신의 냄새를 맡게 하는 개는 자신 있는 강한 개다. 그러나 자신 없는 개는 꼬리를 내려 항문을 감추는 경우도 있다.

우호적으로 인사하지 못하는 개는 주인이 제어한다

개는 첫 만남에서 인사가 잘 이루어지지 않으면 친구로 사귈 수 없다. 주인은 최대한 방해하지 말고, 개들끼리 서로 상대의 정보를 얻고 안심할 때까지 냄새를 맡게 내버려둔다.

단, 사람처럼 개도 궁합이 있어 모든 개가 사이좋게 지내는 것은 아니다. 특히 공격성이 강한 개끼리 만나거나, 서열 의식이 강한 개들 또는 사회성이 없는 개(보디 랭귀지를 모르는 개)가 다른 개와 처음 만났을 때는 어느 쪽이든 양보하여 복종의 자세를 하지 않는 한 싸울 수도 있다.

우호적인 인사를 기대할 수 없을 때에는 주인들은 서로 자기 개를 제어하여 싸움이나 부상을 피해야 한다.

개의 성격이나 우위성의 강약 정도에 따라 인사 태도도 변한다.

:: 처음 만난 개와 인사하는 방법 ::

갑자기 개한테 다가가거나 달려들 듯이 행동하면 개는 위협받는 것으로 느껴, 무서워하거나 때로는 공격적인 태도를 보이기도 한다. 처음 만나는 개한테는 개들끼리의 인사처럼 아무렇지 않은 듯 자신의 냄새를 맡게 하는 것부터 시작한다.

 개 이름을 부르면서 주먹을 슬쩍 개의 코 끝에 내밀어 냄새를 맡게 한다. 이 때 정면으로 가까이 다가서는 것은 피하고, 반드시 옆에 나란히 수평적인 위치에 선다. 시선도 맞추지 않는다.

 개가 충분히 주먹 냄새를 맡았으면, 천천히 주먹을 펴서 손바닥을 위로 향하게 한 다음, 아래쪽부터 턱이나 목 주위를 부드럽게 만진다. 개는 처음 만나는 상대의 냄새와 악의가 없다는 것만 확인하면 안심한다. 단, 처음 만났을 때는 너무 심하게 쓰다듬지 말아야 한다.

 하지 말아야 할 것

- 정면에서 가까이 다가간다.
- 계속 개를 응시한다.
- 개가 무서워하거나 싫어하는데, 무리하게 인사하려고 한다.

이런 행동을 하면 개는 위협받는다고 느껴서 무서워하거나 공격적으로 나오기도 한다.

개의 또 하나의 언어, 카밍 시그널 calming signal

개의 보디 랭귀지 중 상대를 진정시키는 행동

1990년대에 들어와 새롭게 발견한 개의 언어

늑대의 보디 랭귀지에 관한 학술서에 「커트 오프 시그널(cut off signal, 단절 신호)」이라는 것이 소개되었다. 이것은 늑대가 여러 가지 보디 랭귀지를 사용하여 다른 늑대의 공격성을 멈추게 한다는 것에서 이름 붙여졌다. 많은 동물행동학자는 오랫동안 「이것은 늑대 특유의 것으로 개에게는 서로 공격성을 단절시키는 능력이 없다」고 생각해왔다.

그러나 1990년대에 들어와 노르웨이에서 개 훈련학교를 운영하는 트릇드 루가스라는 여성이 방대한 관찰기록에서 개도 같은 행동을 한다는 것을 발견했다. 개의 이런 행동을 「카밍 시그널 calming signal」이라 하는데, 수의사나 트레이너(개 훈련조교) 등 개와 관계 있는 사람들에게 커다란 주목을 받고 있다.

시그널을 이해하여 개와의 커뮤니케이션을 보다 깊게

「카밍 시그널」이란 글자 그대로 상대를 온화하게 하고, 진정시키며, 조용하게 만드는 시그널(신호)을 말한다. 개는 자신이 공포를 느끼거나 스트레스나 불안함을 느꼈을 때, 여러 가지 다양한 시그널을 이용하여 자신은 물론 주위의 동료들을 진정시키고, 무리를 안정시킨다.

예를 들어, 상대를 진정시키는 카밍 시그널로 「하품한다」 또는 「등을 돌린다」 등의 행동이 있는데, 만약 이 시그널을 주인이 알아차릴 수 있다면? 더욱이 그것을 응용하여 개에게 시그널을 보낼 수만 있다면? 이렇게만 된다면 주인은 지금까지보다도 훨씬 간단하게 애완견의 불안함을 살펴서 그 불안을 없애주고 진정시킬 수 있을 것이다.

개가 등을 돌리는 것은 상대가 「진정하길 바란다」는 시그널.

카밍 시그널은 사람과 개와의 보다 깊은 커뮤니케이션을 가능하게 하는 또 하나의 개의 언어라고 할 수 있다.

하는 게 어려울지도 모른다. 하지만, 한 가지라도 개의 언어를 이해할 수 있게 된다면 한층 개와 친밀한 관계를 쌓을 수 있을 것이다.

첫걸음은 카밍 시그널과 보통 행동을 구별하는 것

단, 주의해야 할 것은 개가 같은 불안함을 느끼고 있어도 언제나 같은 시그널을 사용하지 않는다는 점이다. 「하품한다」는 전형적인 카밍 시그널이기도 하고, 정말 졸리거나 심심해서 하는 경우도 있기 때문이다. 즉, 개가 현재에 처한 상황에서 그것이 어떤 의도도 없는 행동인지, 카밍 시그널인지를 구별할 수 있어야 한다는 것이다.

현재까지 발견된 시그널은 30종류 정도라고 한다. 그 가운데 대표적인 것은 p.30~35에 소개하였다.

처음 한동안은 상당한 주의력과 관찰력을 발휘하지 않으면 카밍 시그널과 보통 행동을 구별

개의 행동이 카밍 시그널인지 아닌지를 판단하려면 세심한 관찰력이 필요하다.

카밍 시그널의 역할

① 상대와 자신을 진정시킨다.

② 적대감이 없다는 것을 나타낸다.

③ 불안이나 불쾌감을 느꼈을 때 나타낸다.

④ 자신 이외의 개들 또는 사람들의 싸움을 멈추게 한다.

대표적인
카밍 시그널 calming signal

불안을 느끼고 있다는 것을 상대에게 전달하는 시그널

| 얼굴을 돌린다

다른 개나 사람이 가까이 다가올 때, 그 속도가 너무 빠르거나 정면에서 직선으로 다가올 경우에 자주 볼 수 있는 행동이다. 사람이 위에서 덮치는 듯한 행동을 한다고 생각할 때도 이 행동을 보인다. 이것은 정면에서 시선을 받는 것을 위협받는다고 느낀 개가 불안하다는 것을 표현하는 행동이다. 「나는 적대감이 없어요」라는 의사표시이기도 하다.

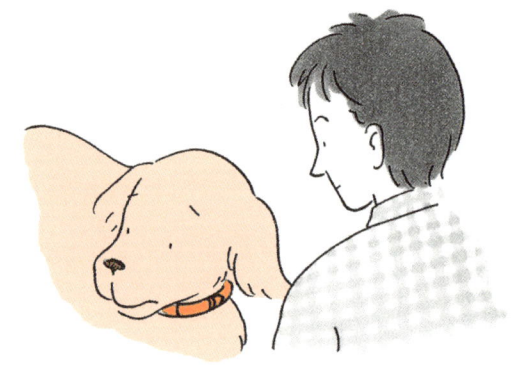

사용해보자! 카밍 시그널

사람이 무서워 짖거나 으르렁거리는 개한테

그 자리에 멈추어 서서 얼굴을 돌리고 적대감이 없다는 것을 표현하고, 개가 여러분의 냄새를 맡고 가까이 다가오기를 기다린다. 또한, 개는 정면으로 시선 받는 것 자체를 위협으로 받아들이므로, 눈을 가늘게 뜨거나 눈을 내려 뜨는 것으로 공포가 누그러지는 경우도 있다.

바닥이나 땅의 냄새를 맡는다

다른 개나 사람이 가까이 다가와서 불안을 느꼈을 때, 상대에게 적의가 없음을 나타내는 시그널. 주인이 개의 정면에서 강한 어조로 호령했을 때에도 자주 볼 수 있다.

몸을 흔든다

자신을 향해 가까이 다가오는 사람이나 다른 개에 대해서 불안함을 느끼고 있을 때, 물에 젖은 것도 아닌데 몸을 털면서 흔드는 행동을 한다. 이것은 자신이 느끼는 불안이나 긴장을 스스로 풀려고 하는 시그널이다. 무서워하는 개에게 자신한테 적의가 없다는 것을 나타낼 때도 이렇게 한다.

사용해보자! 카밍 시그널

몸을 흔들고 있는 개에게

여러분에게 불안함을 느끼고 있는 것이므로 되도록 가까이 가지 않고, 시선을 피하면서 커브를 그리듯 돌면서 지나치면(이것도 카밍 시그널의 하나. p.33 참고), 개는 여러분에게 적의가 없다는 것을 알고 진정한다.

자신의 코를 핥는다

불안을 느끼고 있는 자신을 스스로 진정시키려는 행동이다. 갑자기 끌어안거나, 수의사가 몸을 만졌을 때, 주인이 거칠게 말할 때에 볼 수 있는 행동이다. 또, 먼 곳에서 접근해오는 낯선 개를 발견했을 때도 순간 긴장하여 이렇게 행동하기도 흔다.

적의가 없다는 것을 전달하여 상대를 진정시키는 시그널

멈추거나 천천히 하는 동작

상대를 진정시키는 시그널의 하나로, 시야에 다른 개를 발견했을 때 상대를 자극시키지 않는 행동이다. 또한, 주인의 큰 소리에「그렇게 흥분하지 마세요」라는 의미로 천천히 반응하는 경우도 있다.

사용해보자! 카밍 시그널
여러분을 무서워하거나 처음부터 겁쟁이인 개한테

공포를 느끼는 개에게 급격한 움직임은 공포를 더욱 키울 뿐이다. 가까이 다가가거나, 몸을 만질 때에는 천천히 느린 동작으로 한다. 이런 개한테는 이름을 부르거나 야단칠 때도 온화한 목소리로 해야 한다.

놀이를 유도하는 자세

머리를 낮게 숙여 절하는 듯한 자세를 했을 때 몸을 움직이면 놀자고 유도하는 것으로 생각할 수 있지만, 가만히 움직이지 않으면 상대를 진정시키려는 시그널인 경우도 있다. 신경질적인 개나 말, 소 등 자신보다 몸집이 큰 동물을 만났을 때 이런 행동을 자주 볼 수 있다.

사용해보자! 카밍 시그널
낯선 곳에 가거나 낯선 사람이 찾아왔을 때 안정하지 못하는 개한테

바닥에 팔을 펴고, 개가 놀이를 유도하는 자세를 흉내내보자. 개는「주인이 편하게 있어도 좋다고 말하니까 괜찮겠구나」라고 이해할 것이다.

앉는다

다른 개가 갑자기 다가올 때 적의가 없음을 전달하기도 하고, 주인에게 큰소리로 야단맞을 때 「진정하세요」라는 의미로 행동한다.

사용해보자! 카밍 시그널

안정하지 못하고 안절부절 못하는 개한테

주인이 먼저 앉으면 개도 점차 안정을 찾는다. 또한, 개가 낯선 손님에게 불안을 느낄 때는 손님과 주인이 동시에 앉는 것으로 개의 불안함을 없앨 수 있다.

커브를 그리면서 다른 개와 스쳐 지나간다

모르는 개와 스쳐지나갈 때, 두 마리의 개가 멀리 돌아가면서 커브를 그리듯이 스쳐 지나가는 것은 상대에게 적의가 없다는 것을 나타낸다.

사용해보자! 카밍 시그널

좁은 길에서 처음 보는 개와 스쳐 지나갈 때

커브를 그리면서 멀리 돌아갈 수 없는 좁은 길에서는 주인이 개와 개 사이에 들어가 개의 시선을 밖으로 돌리면서 스쳐 지나가도록 한다. 이것은 곡선을 그리면서 돌아가는 것과 같은 효과를 얻을 수 있다.

no.3 흥분한 상대를 진정시키는 시그널

│ 하품

감정이 격한 상대나, 불안을 느끼는 상대를 진정시키는 시그널. 가족이 싸울 때나, 시끄러운 잔소리로 개를 야단치는 경우에는 몇 번이고 하품을 반복하는 경우가 있다.

사용해보자! 카밍 시그널

익숙하지 않은 장소에서 긴장하는 개, 흥분하는 개한테

동물병원 등 익숙하지 않은 장소에서 개가 긴장하고 있는 경우에는, 눈을 마주치지 않은 상태에서 크게 하품하면 개의 긴장도 완화된다. 또한, 흥분해 있는 경우에도 개를 향하여 하품하는 것으로「기분이 격하구나. 좀 더 진정해」라는 메시지를 전달할 수 있다.

│ 사이에 끼어든다

사람끼리 개끼리 접근하여 긴장관계가 높아질 위험성이 있는 경우에 제삼자인 개가 그 사이로 끼어드는 일이 있는데, 이것은 싸움을 막으려는 시그널. 많은 사람이 소파에 끼어 앉아 있거나, 몸을 밀착시켜 춤을 추고 있거나, 무릎 위에 어린아이를 올려놓고 있을 경우에, 개가 그 사이에 끼어드는 경우도 이 시그널을 표현하고 있는 것이다.

몸을 돌린다

상대를 진정시키려는 시그널로, 다른 개가 으르렁거리거나 주인에게 야단맞을 때 자주 볼 수 있다. 또, 같이 놀면서 흥분한 상대나, 끈질기게 계속 놀자고 하는 강아지에게 상대의 흥분된 감정을 진정시키려고 이렇게 행동한다.

사용해보자! 카밍 시그널

달려드는 행동을 멈추지 않거나 끈질기게 몸에 달라붙는 개한테

개를 무시하고 몸을 돌려 외면해보자. 개의 감정이 계속 흥분될 때 그것을 여러분이 즐겁게 생각하고 있지 않다는 것을 전달할 수 있으며, 개는 이 행동을 보고 점차 안정을 찾는다. 또한, 여러분을 무서워하는 처음 보는 개에게 몸을 돌려 등을 보임으로써 공격 의사가 없다는 것을 전달할 수 있다.

엎드린다

서열이 높은 개가 자신을 무서워하는 낮은 서열의 개를 진정시킬 때, 강아지들이 장난이 심해서 계속 흥분될 때 사용하는 시그널. 「나는 피곤하다. 모두 조금 진정해」라는 메시지가 들어 있다.

사용해보자! 카밍 시그널

노는 데 열중하여 흥분 상태인 개한테

소파에 옆으로 누워보자. 자신보다 서열이 높은 주인이 피곤하다는 것을 알아차리고, 개는 안정하게 된다.

칼럼 Column

장수시대가 왔다!
점점 오래 사는 개의 수명

● **개는 처음 1년 동안에 급격하게 성장한다**

개의 성장은 굉장히 빠르다. 특히 처음 1년은 육체적 정신적으로도 그 성장은 놀라울 정도다. 주인이 「아직 강아지야」라고 생각해도 중형견은 약 1년, 소형견이면 10개월 정도에 성적으로 성숙해져서 암캐는 첫 발정기를 맞이한다.

그 이후의 성장은 표1에 나타난 대로다. 단, 이것은 평균적인 수치. 일반적으로 소형견보다도 대형견이 성숙해지는 속도가 빠르다. 물론 개체차이도 있지만, 초대형견은 소형견보다 상당히 더 빠르게 노령기에 접어든다고 한다(표2 참조).

● **조건을 충족시키면 20살도 꿈이 아니다!?**

20~30년 전까지는 개도 고양이도 10년이 수명이라 생각하였다. 그러나 수의학의 발달과 주인의 의식변화, 기르는 환경의 개선 등으로 오늘날에는 대형견도 15년, 소형견은 20년을 사는 개가 많다.

현재, 알려져 있는 장수 개의 세계기록은 호주에 살았던 사냥개 '부루이'로 29년 5개월(사람의 나이로 환산하면 132살)까지 살았다고 한다.

★ 개가 오래 사는 포인트(오른쪽에 비해, 왼쪽이 오래 산다)

영양	마른 체형	>	비만체형
	균형잡힌 식사	>	인간의 음식물
	저지방·섬유질이 높은 식사	>	고지방·섬유질이 낮은 식사
환경	실내에서 키움	>	밖에서 키움
	교외	>	도시
	거세·피임수술 마침	>	거세하지 않음·피임하지 않음

표1 개와 인간의 연령환산표

개	인간
1개월	1살
2개월	3살
3개월	5살
6개월	10살
1년	17살
1년 6개월	20살
2년	24살
3년	32살
4년	36살
5년	40살
6년	44살
7년	48살
8년	52살
9년	56살
10년	60살
11년	64살
12년	68살
13년	72살
14년	76살
15년	80살
16년	84살
17년	88살
18년	92살
19년	96살
20년	100살

표2 노령기의 시작

소형견 (체중~10kg)	9.63 ~ 13.33년
중형견 (체중11~25kg)	9.34 ~ 12.46년
대형견 (체중26~45kg)	7.47 ~ 10.23년
초대형견 (체중46kg~)	5.52 ~ 9.40년

2 다섯 감각과 본능

눈 앞의 것은 잘 못 보지만, 넓은 시야로 멀리 볼 수 있다

시각

눈 앞의 것이 보이지 않는다! 개는 초점맞추기가 어렵다

사람의 시력은 얼마나 작은 것까지 볼 수 있는가로 판단한다. 사람의 표준 시력을 1.0으로 한다면, 개는 0.3 정도이다. 이 의미로 보면 개는 근시일지도 모른다.

개는 초점을 맞추는 조절 능력이 사람의 15분의 1 정도 밖에 안 되기 때문에, 사람이 눈 앞 7cm 정도까지 초점을 맞출 수 있는 것에 비해 개는 최단거리라도 50~33cm 정도의 거리가 필요하다. 즉, 아무리 눈이 좋은 개라도 33cm보다 가까이에 있는 것은 흐리게 보인다는 것이다. 그렇기 때문에 눈 앞에 있는 장난감을 못 찾아 주인은 생각지도 못한 개의 행동에 웃음을 자아내는 경우도 많다.

단, 바로 눈 앞에 있는 것은 잘 못 보지만, 멀리 있는 것을 보는 능력은 비교적 높아 수백m 앞에 있는 것을 알아볼 수 있다는 보고도 있다.

개는 사람보다 시력이 나쁠까?

개는 멈추어 있는 것을 식별하는 「정적시력(靜的視力)」은 사람보다 뒤떨어지지만, 움직임이나 빛을 감지하는 능력은 사람보다 앞선다(자세한 내용은 p.40 참고).

시야의 넓이도 개가 더 넓은데, 사람의 시야가 약 180도인 것에 비해, 개의 시야는 220~290도나 된다. 단, 「양안시력(두 눈으로 보는 시야)」의 범위는 사람보다 좁기 때문에 거리를 정확하게 판단하는 것은 어려운 듯하다.

종합적으로 시력의 좋고 나쁨을 판단한다면, 개의 시력이 사람의 시력보다 뒤떨어진다고는 말할 수 없다.

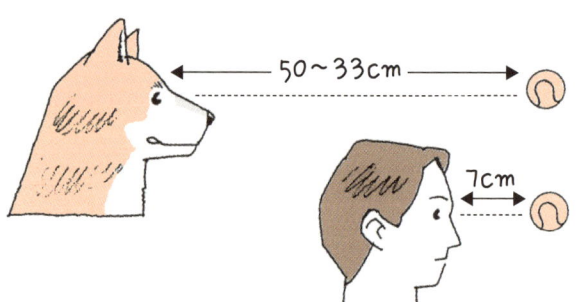

개는 사람보다도 초점거리가 짧다. 그렇기 때문에 눈 앞에 있는 장난감을 못 찾는 경우도 있지만, 결코 눈이 나쁜 것은 아니다.

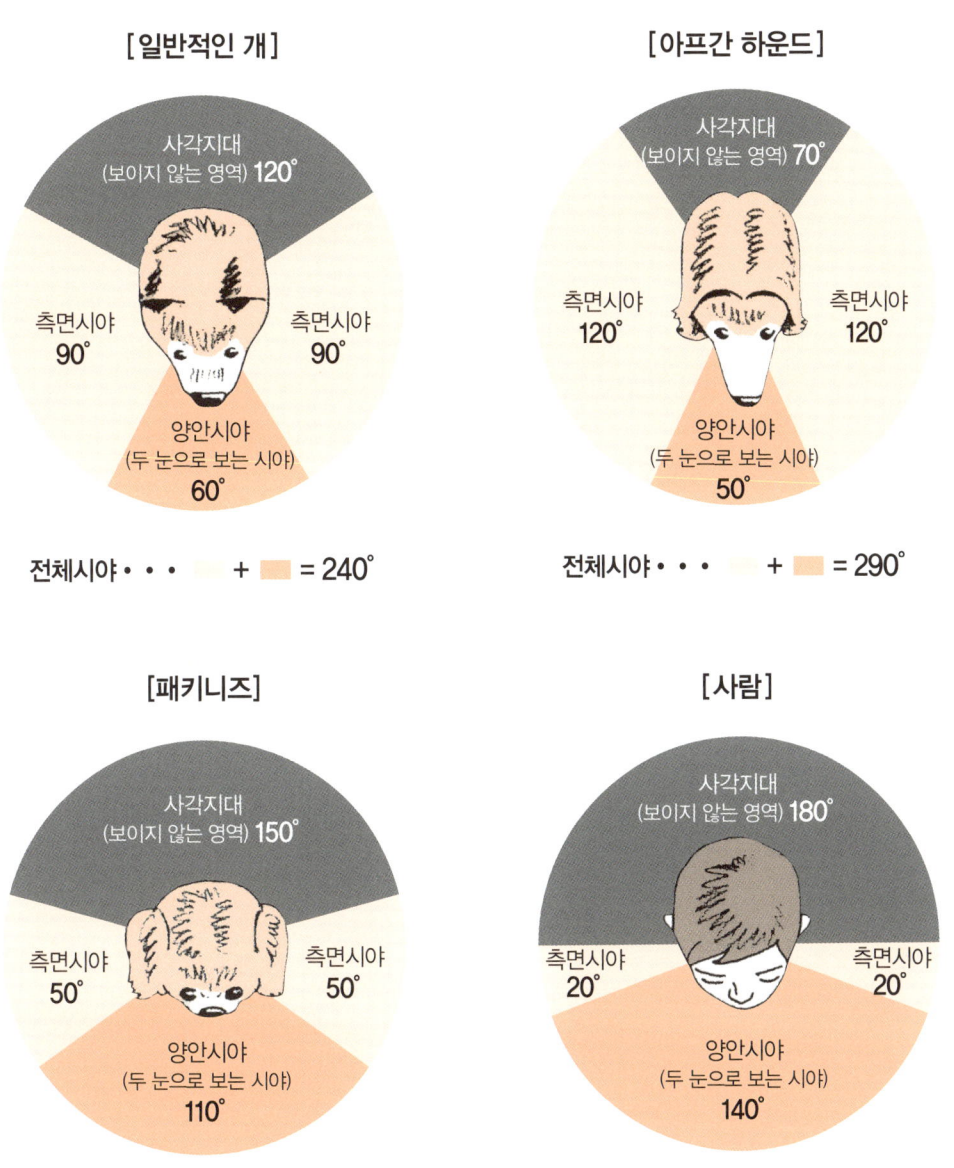

사람은 머리(두개골) 모양이나 크기에 있어서 개체마다 차이가 적지만, 개는 견종에 따라 보이는 범위도, 양안시야가 가능한 범위도 그게 다르다. 양안시야의 범위가 넓은 만큼 정확한 거리를 가늠할 수 있다.

PART 2 • 다섯 감각과 본능

사람을 훨씬 뛰어넘는 동체 시력과 야간 시력

움직이는 것일수록 잘 보고, 어둠 속에서도 뛰어나다

다른 동물의 눈도 그렇지만 개의 눈은 멈추어 있는 사물보다 움직이는 것에 민감하게 반응한다. 경찰견을 이용한 실험에서 멈추어 있는 표적은 약 500m보다 더 떨어진 곳에서는 보지 못했는 데, 움직이는 표적은 810~900m 떨어진 거리에서도 구별할 수 있었다고 한다.

깜박거리는 빛을 어느 정도의 속도까지 식별할 수 있는지의 실험에서, 사람보다 4배나 높은 능력을 개가 가졌다고 보고되었다. 그렇다면, 사람에게는 끊어지지 않고 연결되어 움직이듯이 보이는 TV나 영화의 영상도, 개한테는 한 장 한 장 끊어진 화면으로 보일지도 모른다.

게다가 아주 옛날, 숲에서 사냥하던 개들은 「야간 시력」도 발달하였는데, 개의 망막에는 타페텀tapetum이라는 반사효과를 높이는 기능이 있어, 사람이 사물을 식별할 수 있는 밝기의 3분의 1 조도에서도 사물을 구별할 수 있다고 한다.

개가 살고 있는 세상은, 파랑과 초록으로 칠해진 온화한 세계

지금까지 개가 보는 세상은 흑백세계라고 알고 있었다. 확실히 개의 시세포에는 색을 구별하는 추상체(특히 적색에 대해 민감)가 적은 것이 사실이다. 그러나 최근 연구에서는 조도(명암)를 감지하는 간상체(杆狀體, 간상세포, 눈의 망막에 있는 막대기 모양의 세포)나 그 외 세포의 움직임에서 파랑이나 초록을 구별하는 능력이 있다는 것을 알게 되었다.

그러므로 개는 파랑, 초록, 하양, 검정 등의 색깔이 어우러진 온화하고 평화로운 색의 세계에 살고 있는 것이다.

강아지 때 다양한 것을 보면 시력이 좋아진다

시력의 좋고 나쁨에는 유전적인 요소도 크게 영향을 미치지만, 그보다 더 중요한 것은 생후 6개월까지 망막의 감수성 시기에 다양한 것을 보여주는 것이다. 그것이 뇌의 시각신경회로를 자극하여 「사물을 보는 힘」이 자란다.

또한, 강아지는 태어나서 2주 정도에 눈을 뜨지만, 이 단계에서는 아직 망막이 완전히 성장하지 않아서 흐리게 보일 뿐이다. 완전하게 보이는 시기는 생후 6개월 후부터다.

:: 개는 「움직이는 것」에 주의를 빼앗긴다 ::

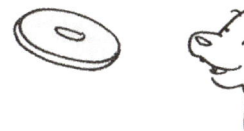

개는 던져진 공이나 원반, 날아다니는 나비, 달려가는 고양이 등 움직이는 것에 집중한다. 「개의 동체 시력」은 인간보다 몇 배 좋고, 멈춘 것보다 움직이는 것에 더 민감하게 반응한다.

[길들이기에도 응용해보자]

「개의 동체 시력이 좋은 것」을 길들이기에도 응용할 수 있다. 개의 주의를 끌어서 알아듣기 쉽게 지시하려면 표정을 풍부하게 하고, 손 동작을 하는 것이 포인트다.

얼굴을 움직인다

표정을 풍부하게 하면 개는 쉽게 구별할 수 있다. 「안 돼」라고 야단칠 때도 머리를 옆으로 흔드는 등, 야단치거나 명령할 때 동작을 함께 하는 것이 좋다.

손 사인 hand signal 을 사용한다

「기다려」를 지시할 때 코 앞에 손바닥을 내미는 동작은 잘 알려져 있지만, 그 외의 명령어에도 핸드 시그널을 정해놓으면 한결 쉽게 지시를 알게 된다.

개의 시선 속에 담겨져 있는 위협하는 마음, 존경하는 마음

상대에게 적대감이 없어도 계속 노려보면 무서움을 느낀다

사이 좋은 개끼리는 놀면서 서로 마주보는 일이 많다. 또, 주인이 이름을 부르면 보통 개는 주인 쪽을 뒤돌아보고「무슨 일이에요?」라든가,「놀아주려고요?」라는 마음을 갖고 주인을 올려다볼 뿐이다.

그러나 낯선 사람이 정면으로 가까이 다가오거나, 계속 노려보면 개는 위협받는다고 느껴서 무서워하거나 공격적으로 나오는 경우가 있다.

이것은 원래 계속 노려보는 행동 속에 서열이 높은 개가 자신보다 낮은 개에게 우위성을 나타내는 의미가 들어있기 때문이다. 예를 들어, 사람 입장에서는 적의가 없어도 개는 직선적인 시선에서 공포를 느낀다.

개는 바로 위에서 내려다보거나 계속 노려보면, 위협받는 것으로 느끼고 무서워한다.

시선을 읽는 능력으로 사회에 도움을 주는 개도 있다

주인의 시선 속에서 그 의사를 읽어내는 능력을 최대한 이용하고 있는 것이 재활보조견이나 안내견이다. 그들에게 내리는 지시는 물론 말로도 명령이 이루어지지만, 몸이 불편한 파트너 중에는 시선이나 핸드 시그널(손 동작)만을 사용하여 지시하는 사람도 있다. 그런 경우에도 개는 주인이 지금 무엇을 원하는지를 헤아려서, 물건을 옮기거나 문을 열기도 하고, 여러 가지 도우미 역할을 해낸다.

이것은 손 동작만으로 훈련받은 재해구조견(눈사태구조견, 산림경비견, 재해지역탐색견)도 마찬가지다. 그들은 항상 핸들러(지시하는 사람)와 시선 맞추기를 꾸준히 하고 있는 것이 특징이다. 때문에 손가락 움직임과 시선 움직임만으로 우리 인간사회에 크게 도움을 주는 여러 활동을 해내고 있다.

시선 맞추기eye contact는 개가 「올려다보는」 것에 의미가 있다

개를 길들이는 첫걸음은 주인이 부르면 개가 주인을 돌아보거나, 주인을 마음에 두고 올려다 보는 「시선 맞추기eye contact」라고 할 수 있다. 이것은 똑바로 노려보는 시선이 위협의 의미인데 반해, 올려다보는 시선에는 존경이나 신뢰의 의미가 담겨 있기 때문이다. 반대로 사람이 개의 눈을 들여다보는 행위는 결코 시선 맞추기라고 할 수 없다.

개와 눈이 마주친 순간 이름을 부르고, 포상하거나, 칭찬하는 것으로 개는 점점 「주인이 이름을 불렀을 때 주인의 눈을 보면 좋은 일이 있다」고 기억하게 된다.

주인이 주는 시선만으로 그 요구를 헤아리는 능력도

깊은 신뢰관계로 맺어진 주인과 애완견은 시선만으로 커뮤니케이션을 하는 경우도 있다.

사람끼리도 한 사람이 어느 방향으로 시선을 보내면, 주위의 사람들도 일제히 같은 방향으로 눈을 돌리는 경우가 있다. 이것은 우리 인간에게 「그가 주목한 방향에는 무언가가 있을 거야」라고 추측하는 능력이 잠재되어 있기 때문이다.

개도 마찬가지다. 깊이 신뢰하는 주인이 시선을 보냈을 때에는, 주인과 같은 방향으로 주의를 집중한다. 개 가운데는 주인이 주는 시선만으로 스스로 케이지 속에 들어가거나, 시선이 오기 전에 앞서서 물건을 가져오는 개도 있을 정도다.

:: 시선 맞추기eye contact는 길들이기의 첫걸음 ::

이름을 부르면 주인을 쳐다보는 시선 맞추기는 길들이기의 첫걸음. 상주기를 잘 이용하여 「주인의 눈을 보면 좋은 일이 있다」는 것을 기억시킨다.

 적은 양의 음식을 준비해서 개의 코 끝에 가져간다.

 그 음식을 주인의 턱에 가까이 댄다.

 개와 눈이 마주친 순간에 이름을 부르고 곧바로 음식을 주면서 동시에 칭찬한다.

※ 음식이 아니고 삑 – 삑 – 소리나는 장난감을 이용해도 좋다.

작은 소리, 높은 음은 절대 놓치지 않는다

아주 작은 주인의 발소리에도 현관까지 마중 나간다

사냥감이 내는 아주 작은 소리를 듣고 사냥하던 개들은 조그만 소리에도 매우 민감하다. 그 능력은 인간이 들어 구별할 수 있는 소리의 6분의 1 정도 되는 작은 소리도 알아들을 수 있을 정도이다.

소리를 느끼는 범위도 사람의 약 4배다. 그렇기 때문에 멀리서 가족이 돌아오는 아주 작은 발소리도 듣고 구별하여, 다른 누구보다 먼저 현관으로 달려가 맞이할 준비를 하는 것이다.

그런 개는 불꽃놀이나 천둥소리, 자동차 클랙슨 소리, 빈 깡통이나 식기가 높은 곳에서 떨어지는 소리 등 예기치 못한 큰 소리에 약하다. 하지만 같은 크기의 소리도 지속성 있게 계속 나면 그다지 공포를 느끼지 않는다. 언제나 큰 소리로 음악을 듣는 주인과 생활하는 개는 그것을 일상적으로 받아들여, 특별히「시끄럽다」고는 느끼지 않는다.

사람이 들을 수 없는 고주파 소리에도 반응

개는 사람이 들을 수 없는 고주파의 소리를 들을 수 있는 능력도 뛰어나다. 사람이 들을 수 있는 주파수가 20 ~ 2만Hz인데 비해, 개는 40 ~ 4만7천Hz이다. 즉, 사람이 들을 수 있는 소리의 2배 이상 높은 음도 개한테는 확실히 들린다.

이것을 이용한 것이「애견용 호루라기」. 사람에게는 거의 들리지 않지만 개는 이 소리를 듣고 멀리 떨어진 장소에서 주인이 있는 곳으로 돌아온다.

어느 범위까지의 주파수를 들을 수 있는지는 고막 표면적에 따라 영향을 받는다고 하지만, 몸집 크기가 뚜렷하게 차이나는 치와와 세인트 버나드도 모두 들을 수 있는 주파수의 범위는 거의 같다고 한다.

불꽃놀이를 하는 장소에서는 큰 소리가 너무 무서워서 달아나다가 미아가 되는 개도 있다.

:: 여러 방향에서 나는 소리를 구별할 수 있는 개의 뛰어난 능력 ::

작은 소리, 넓은 범위의 소리, 높은 주파수의 소리를 들을 수 있는 능력과 더불어 어느 방향에서 소리가 나는지, 32방향의 소리를 구별할 수 있다고 한다.

청각은 잠을 자는 중에도 계속 살아 있으며, 여러 가지 거리의 소음 속에서도 사랑하는 주인의 발소리만을 들을 수 있다.

사랑하는 주인이 도착했음을 감지하면 현관으로 달려가 마중한다.

소리의 고저와 장단을 구별하여 주인의 마음을 헤아린다

청각

개가 감지하는 것은 주인의 목소리에 담긴 기분상태

강아지는 전혀 들을 수 없는 상태로 태어나지만, 생후 7~8주가 지나면 청력이 성견처럼 사람의 몇 배가 된다.

귀가 들리기 시작하면 강아지들은 「쿵쿵」 코로 소리내기도 하고, 「컹컹」하고 짖거나, 멀리 길게 짖는 흉내를 내는 등 소리를 이용하여 커뮤니케이션을 하고, 주인의 소리에도 반응을 보이기 시작한다.

이 때 개가 이해하고 있는 것은 주인이 「무엇을 말하고 있는가」가 아니고, 「어떤 식으로 말하고 있는가」이다. 예를 들어, 같은 「이리 와」도 사람들은 무의식 중에 호의를 갖고 있을 때는 빠르고 높은 목소리로, 화가 났을 때는 천천히 낮은 목소리로 말한다.

개는 그 소리의 빠르기와 높고 낮음을 분간하고 주인의 목소리에 숨겨진 기분을 감지하여, 빠르고 높은 목소리일 때는 기뻐하면서, 느리고 낮은 목소리일 때는 「주인이 화를 내면서 나를 부르는구나」라고 경계하면서 주인에게 다가간다.

고음은 개를 움직이게 하고 저음은 멈추게 한다

소리의 빠르기와 높낮이에 대한 감지 방법은 주인의 목소리만이 아니다.

일반적으로 개는 고음을 들으면 흥분이 상승한다. 그것은 강아지끼리 놀 때 「깽깽」하는 울음소리와 비슷하기 때문이다.

게다가 이 높고 짧은 소리를 반복하는 것은 개에게 다음 행동을 하도록 부추기는 작용을 한다.

반대로 낮고 느린 소리는 개의 움직임을 억제하는 작용을 한다. 그렇기 때문에 단 한번의 낮고 긴 소리는 움직임을 늦추거나 멈추게 하는 효과가 있다.

「삐―익, 삐―익」하고 소리나는 장난감을 좋아하는 것은 그 소리로 개의 기분이 고조되기 때문이다.

:: 소리의 빠르기와 높낮이를 연구하여 개의 행동을 컨트롤 ::

높고 짧은 소리의 반복

▶ 움직임을 부추기는 효과가 있다

○ 빠르게 「이리 와, 이리 와, 이리 와, 이리 와」라고 반복한다.

✗ 빠르게 「꺄악. 저리 가. 오지마. 가까이 오지마」

개는 기뻐서 달려온다.

개는 상대가 놀고 싶어 한다고 생각하고 가까이 다가온다.

낮고 긴 한 번의 소리

▶ 행동을 억제하는 효과가 있다

○ 낮고 분명한 소리로 천천히 「안·돼」라고 말한다.

✗ 천천히 낮은 목소리로 「이·리·와」라고 말한다.

개는 동작을 멈추고 주의 받은 행동을 멈춘다.

개는 동작을 멈추고 다가오지 않는다.

사람의 1000~1억배!
놀랄 만한 후각

안도감이나 공포의 감정까지 냄새가 영향을 미친다

발자국 냄새를 좇아 범인을 추적하는 경찰견이나, 생매장 당한 사람을 찾는 재해구조견 등 개는 발달한 후각을 이용하여 여러 방법으로 사람에게 도움을 주고 있다.

또한, 특별히 훈련 받은 개뿐만 아니라, 일반 개도 후각이 발달해 있다는 것은 모두 다 알고 있는 사실이다. 이것은 코 속에 있는 후각상피 표면적이 사람이 약 3㎠인데 비해, 개는 그것의 6~50배인 18~150㎠나 되기 때문이다. 후각세포의 수도 사람이 약 500만 개인데 비해, 개는 그 44배인 2억 2000만 개나 되기 때문이다.

원래 개의 뛰어난 후각은 숲 속에서 사냥감의 흔적을 찾거나, 적의 존재를 알아차리기 위해 필연적으로 발달한 능력이다. 그 결과, 자신이나 주인의 냄새를 확인함으로써 안정을 찾거나, 낯선 사람이나 동물의 냄새를 맡고 공포감을 느끼거나, 발정 중인 암캐 냄새에 성적으로 흥분하는 등 개는 감정까지도 냄새에 영향을 받는다.

또한, 시각이나 청각은 태어나서 몇 주일이 지나야 제 기능을 할 수 있고 나이가 들면 그 능력이 쇠퇴하는데 비해, 후각은 태어난 순간부터 늙을 때까지 계속 능력을 높게 유지한다. 그 정도로 개는 강아지 때부터 후각을 가장 의지하고 있는 것이다.

가장 자신 있는 것은 동물의 소변이나 땀 냄새

일반적으로 개의 후각은 사람의 1000~1억배라고 한다. 숫자의 폭이 크게 차이가 나는 것은 사실은 냄새에 따라 자신 있는 냄새와 그렇지 못한 냄새가 있기 때문이다.

예를 들어, 꽃향기 등은 사람의 1000배 정도이지만, 동물의 소변이나 땀에 포함된 지방산 냄새는 사람보다 100만~1억배나 감지력이 더 높다고 한다.

그렇기 때문에 개는 전봇대 등에 남아 있는 여러 마리의 소변 냄새부터, 어떤 개가 그곳을 지나갔는지까지도 구별할 수 있다. 또한, 개끼리 만났을 때 서로의 냄새를 맡는 것도 각각의 냄새로부터 보다 많은 정보를 얻으려는 이유 때문이다.

:: 예민한 후각을 이용하여 사회에 도움을 주는 개들 ::

[경찰견]

예민한 후각을 살려 감식활동을 하거나, 범인이나 행방불명자를 수색하는데 활약. 전국경찰서에서 직접 관리하는 개 외에, 경찰 요청으로 출동하는 민간에서 훈련시킨 개도 있다.

[재해구조견]

지진이나 건물붕괴 등의 재해현장에서 매몰된 사람을 수색하여 발견한다. 피해자가 생존했는지 사망상태로 매몰되어 있는지까지도 냄새로 구별하여 각각 발견신호를 핸들러(명령자)에게 표현한다. 구조견은 주요 119기관에 무상으로 임대하여 구조대원에 의해 운용되는 대여견제도도 있다.

Abillity 능력

온도를 감지하는 적외선 리셉터 receptor

냄새를 느끼는 것 외에도 코에는 온도를 감지하는 중요한 기능이 또 하나 있다. 그것은 코에 적외선 리셉터 receptor를 갖추고 있기 때문이다. 또한, 눈을 못 뜬 신생아 강아지가 방황하지 않고 어미의 젖을 찾아가는 것은 젖의 냄새정보와 더불어 이 리셉터로 어미의 체온을 느끼기 때문이다. 눈도 귀도 들리지 않는 신생아를 한 마리씩 조금 떨어진 장소에 놓아두어도 어느새 형제가 포개어지듯이 모여 있다. 이것도 리셉터작용에 의한 것이다.

야생 상태에서는 신생아의 체온이 급격하게 떨어지면 생명이 위험하기 때문에, 리셉터 또한 개가 스스로의 생명을 지키기 위해서 몸에 지닌 능력 중 하나이다.

페로몬pheromone, 화학물질을 얻을 수 있는 또 하나의 기관

후각

앞니 옆에 있는 서비기관鋤鼻器管으로 페로몬을 감지

개의 후각과 관련된 행동은 「화학적인 커뮤니케이션chemical communication」이라고 불린다. 즉, 말을 못하는 개에게 후각은 보디 랭귀지처럼 중요한 커뮤니케이션 수단의 하나이다.

또한, 개는 후각뿐만 아니라 서비기관Jacobson organ이라는 특수기관에서도 냄새에 따른 정보를 수집한다.

이 서비기관은 앞니 안쪽에 개구부(開口部)가 있어 여러 화학물질, 특히 암캐가 풍기는 페로몬 냄새를 감지한다. 발정한 암캐의 소변 냄새에 반응하여 수캐가 「벌룽벌룽」 입을 움직이는 것은 바로 이 페로몬 냄새를 수집하는 동작이다.

어미의 유선 부근에서는 진정 페로몬이 분비

페로몬의 작용에 대해서는 아직 전부 밝혀지지 않았지만, 최근 연구에서는 출산 후 3~5일이 되면 어미의 유선(젖샘) 부근의 피지선에서 「진정 페로몬」이 분비된다는 것을 알았다.

진정 페로몬이란, 어미 자신도 포함하여 개의 감정을 안정시키는 화학물질이다. 그 때문에 강아지는 태어나는 순간부터 어미에 대해 애착을 갖게 되고, 아장아장 걸으면서 받는 새로운 자극으로 감정이 흔들리면 감정을 안정시키기 위해 어미와 접촉하려고 한다.

강아지는 새로운 자극을 받으면 어미가 있는 곳으로 되돌아오고, 또 다시 다른 자극을 받으면 어미 쪽으로 되돌아오는 「별모양」의 탐색행동을 반복하면서 건강하게 성장한다.

한편, 태어난 지 몇 주 안 되어서 어린 나이에 어미와 떨어진 강아지는 진정 페로몬과 접촉할 기회가 없어져 스트레스를 받게 된다.

이 진정 페로몬은 성견에게도 안도감을 준다고 알려져 있다. 그 때문에 최근에는 이 진정 페

발정 중인 암캐가 분비하는 페로몬(화학물질)을 수캐는 서비기관을 통해 수집한다.

로몬 작용을 하는 개 전용 합성 페로몬제인 「D.A.P 액체」도 판매되고 있는데, 불안이나 스트레스에 관한 여러 문제행동을 줄이는데 도움이 된다고 한다.

∷ 냄새로 여러 가지 정보를 수집 ∷

(상대의 냄새를 인식하고)
인사하고 사이좋게 놀자!

항문 부근에 있는 항문선(항문샘은 그 개 특유의 냄새를 배출한다. 개에게 그 냄새를 맡게 하는 것은 자기를 소개하는 표현, 즉 인사하는 것이다.

**여기는 위험하다!
모두 도망가**

공포를 느낀 개는 항문샘에서 분비물을 배출하여 주위에 위험을 알린다.

**그녀는 아이를 낳을
준비가 되어 있다.
사랑하고 싶다!**

발정 중인 암캐는 페로몬(화학 물질) 냄새로 수캐를 유혹한다.

미각

음식은 냄새로 선택!
사실 미각은 조금 둔하다

**강하게 느끼는 것은
단맛, 신맛, 짠맛**

개가 좋아하고 싫어하는 음식은 맛보다 냄새에 따라 순위가 정해진다고 한다. 그래서 개는 일반적으로 드라이dry 타입의 개 음식보다 냄새가 강한 웨트wet 타입의 음식을 좋아한다.

동물은 혀에 분포된 미뢰(맛봉우리)라는 기관에서 맛을 느끼지만, 개는 이 미뢰의 수가 사람의 약 1/5 밖에 안 된다. 게다가 사람의 미뢰가 혀 전체에 분포한 것에 비해, 개는 혀 앞쪽에 집중되어 있다. 그렇기 때문에 단맛, 신맛, 짠맛은 어느 정도 느껴도, 쓴맛이나 맛있는 느낌 등은 거의 느낄 수 없다고 한다.

또한, 개의 침에는 소화효소가 없어서 모든 음식을 위에서 소화시킨다. 이의 구조도 음식을 씹기 위한 구조라기보다 사냥한 먹이를 갈기갈기 찢는 데 유리한 구조로 되어 있어서 먹이가 매우 크지 않는 한 무엇이든지 삼켜버리려고 한다.

음식은 거의 덩어리째 삼킨다. 음식을 주면 단숨에 먹어치운다.

Attention 주의

침이 나오는 것은 배가 고플 때만이 아니다

식사 전에 「기다려」라는 지시를 받은 개 가운데는 많은 침을 질질 흘리는 개가 있다. 그 모습은 어떻게든 「빨리 먹고 싶어요」라는 의사표시처럼 보인다. 물론 가까이에 음식이 있는 경우는 냄새 때문에 개의 식욕중추가 자극되어 침의 분비가 활발해진다.

그러나 식사시간이 아닌데도 항상 침을 흘리는 경우에는 주의가 필요하다. 침은 긴장감이 높아지면 많이 분비되는 게 특징이다. 즉, 항상 침을 흘리는 개는 심한 스트레스를 받고 있을 가능성이 있다. 또, 치주염이나 구강 속에 종양과 같은 문제가 있는 것도 생각할 수 있다. 수의사에게 상담하는 것이 좋다.

● Dog Food의 종류

	종류	특징
식사로 주는 종합영양식	**Wet Type** 통조림·레토르트식품 등 레토르트식품 : 용기에 조리되어 있어 데우기만 하면 먹을 수 있는 제품	수분 함유량이 75% 이상으로 소고기, 닭고기, 돼지고기, 양고기, 생선, 채소 등 종류도 다양하다. 장점 : 재료 그 자체가 봉해져 있으므로 냄새도 강하고, 부드러운 맛으로 개의 기호를 만족시킨다. 단점 : 그 중에는 영양 균형이 완전하지 못한 것도 있으므로, 포장에 「종합영양식」이라고 표시된 것을 선택한다. 개봉 후에는 생선처럼 부패하기 쉬우므로 보관에 주의. 개 음식 중에서 가격이 약간 비싼 편이다. 또한, 이 사이에 찌꺼기가 끼기 쉽고, 치석이나 구취의 원인이 되기도 한다.
	Semi Moist Type 반숙 타입	수분함유량이 25~35%로 Dry Type과 Wet Type의 중간 음식. 장점 : Wet Type만큼 냄새는 강하지 않지만, 부드럽고 먹기 쉬워 개의 기호를 만족시킨다. 턱이 약한 강아지나 나이 든 개를 위한 음식. 단점 : 건조에 약하므로 개봉 후에는 밀폐용기에 넣어 1개월 안에 다 먹일 것. 품질유지를 위해 첨가물도 비교적 많다.
	Dry Type 건조한 타입	수분함유량이 10% 이하. 대형견 전용과 소형견 전용으로 입자 크기가 다르다. 장점 : 영양 균형이 좋고, 경제성, 보존성에서도 뛰어나다. 으드득으드득 깨무는 것으로 치아 건강이나 턱뼈 성장에도 좋다. 단점 : 냄새가 약하기 때문에 잘 먹지 않는 개도 있다. 수분이 적기 때문에 반드시 물도 함께 먹여야 한다.
특별식 & 기호품	**목적별 음식**	이유식이나 강아지 전용, 늙은 개 전용, 비만견 전용, 알레르기용 등 개의 상태에 따른 다양한 음식이 있다.
	영양보조식품(supplement)	비타민이나 칼슘, 미네랄 등의 보충을 목적으로 종합영양식에 혼합하거나 간식으로 준다.
	스낵류	개가 매우 좋아하는 소고기 육포나 닭가슴살 육포, 껌 등. 지나치게 주는 것은 금물이다. 길들이기 훈련에서 상으로 준다.
	직접 만든 음식이나 그 밖의 음식	개한테 필요한 영양을 균형 있게 배합하는 것은 어려우므로, 직접 만든 음식을 주는 경우에는 수의사 등의 지도를 받는 편이 좋다. 또한, 개에 따라서는 유제품이나 발효된 콩, 과일, 채소, 빵, 면종류 등 사람의 음식을 좋아하는 개도 있다. 적은 양이면 줘도 괜찮지만 양념은 하지 말 것.

✕ [개한테 주면 안 되는 음식]

- **파 종류** ········· 용혈작용(溶血作用)이 있기 때문에 빈혈이나 혈변의 원인이 된다. 햄버거처럼 다진 양파가 들어 있는 것, 파가 들어간 된장국, 찌게, 남은 양념불고기 등도 주지 말 것.
- **자극성 음식 모두** ········· 고추, 카레, 핫소스 등은 입에 넣을 때 고통을 느끼므로, 대부분의 개는 먹지 않지만 잘 모르고 삼켜버리면 내장에 부담을 준다. 물어 뜯는 버릇을 방지하기 위해 가구 등에 적은 양을 발라두는 것은 좋다.
- **초콜릿** ········· 데오부로민(theobromine, 카카오에 함유된 알칼로이드)에 의한 중독 증상을 일으킬 수 있다. 소형견은 초콜릿 한 판으로도 생명을 잃을 수도 있다.
- **과자 모두** ········· 당분이나 지방이 많고, 비만이나 치조농루(齒槽膿漏), 당뇨병, 칼슘 부족의 원인이 된다.
- **가공품** ········· 햄, 소시지, 유부, 어묵 등은 염분이 많아 신장질환이나 간장질환의 원인이 된다.
- **가열한 닭이나 생선뼈** ········· 가늘고 딱딱한 뼈는 목이니 식도에 걸릴 수 있다.
- **기타** ········· 오징어, 새우, 문어, 조개류, 해파리, 견과류, 곤약, 죽순, 버섯 등은 소화불량이나 구토의 원인이 된다.

주인이 쓰다듬으면 마음이 행복해진다

촉각

부드럽게 쓰다듬으면 주인도 개도 마음이 편안해진다

개는 몸을 부드럽게 쓰다듬어주는 것을 매우 좋아한다. 어미는 갓 태어난 강아지의 온몸을 사랑스럽게 핥아주는데, 개 입장에서는 사람이 쓰다듬어주는 것과 어미가 핥아주는 것은 같은 감각으로 느낄 것이다. 신뢰하는 주인이 쓰다듬어주는 것만으로도 마음이 안정되고, 심장 맥박수와 혈압이 내려가는 개가 있을 정도다.

또, 최근 연구에서는 쓰다듬는 사람도 정신적으로 진정되어 심장 맥박이 안정되고 혈압이 내려간다는 것도 입증되었다.

쓰다듬으면 좋아하는 부위와 싫어하는 부위가 있다

개는 쓰다듬어주면 기뻐하는 부위와 싫어하는 부위가 몸에 있다. 싫어하는 곳은 외부의 적에게 공격받았을 때 제일 먼저 겨냥되어 상처받기 쉬운 곳으로 신경이 예민한 곳이다.

그러나 매일 몸을 손질하거나 동물병원에서 손쉽게 진찰받기 위해서도, 또한 여러 사람과 사이좋게 지낼 수 있는 사회성 측면에서도 만질 수 없는 부위가 있는 것은 곤란하다. 그런 것을 없애기 위해서는 강아지 때부터 놀이를 통해 조금씩 신체의 여러 부위를 만지는 데 익숙해지도록 길들여야 한다.

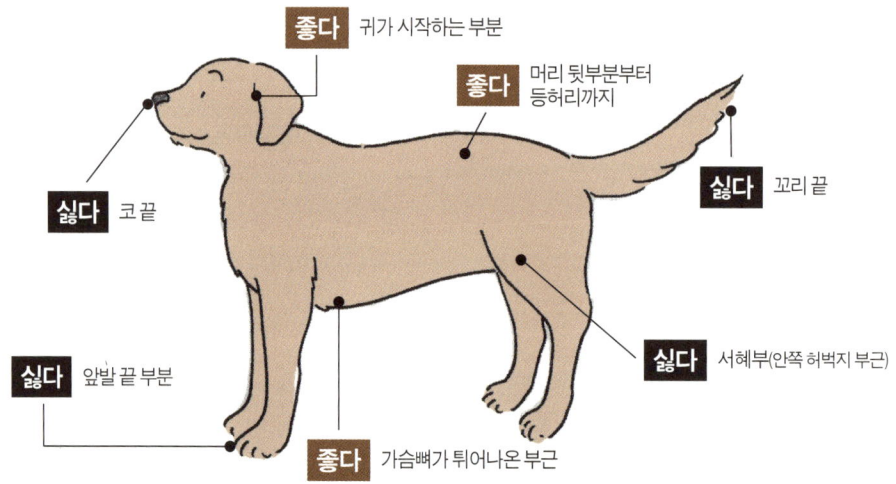

좋다 — 귀가 시작하는 부분
좋다 — 머리 뒷부분부터 등허리까지
싫다 — 꼬리 끝
싫다 — 코 끝
싫다 — 앞발 끝 부분
싫다 — 서혜부(안쪽 허벅지 부근)
좋다 — 가슴뼈가 튀어나온 부근

:: 강아지 때부터 습관들여야 할 보디 터치 body touch ::

개는 몸의 말단부분을 쓰다듬는 것을 싫어한다. 성견이 된 다음에 몸을 만지는 훈련을 시작할 수는 있지만, 시간이 많이 걸리고 끈기도 필요하다. 그러므로 강아지 때부터 서서히 습관을 들이는 것이 좋다.

온몸 터치는 개도 주인도 마음이 편안할 때 한다. 개가 싫어할 경우에는 구태여 무리하게 만지거나 억지로 하지 말고, 개가 안심하고 몸을 맡길 때까지 기다린다. 강아지의 경우는 피곤해서 졸고 있을 때 만지는 것이 가장 좋다. 강아지는 스스로 쉽게 배를 보여준다.

머리 부분부터 꼬리 쪽으로 등을 부드럽게 쓰다듬는다. 강아지의 경우는 무릎 위에 편안하게 앉혀서 쓰다듬어도 좋다.

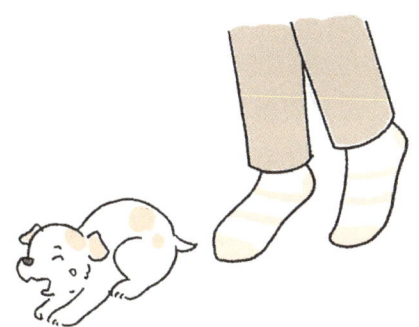

발 끝이나 꼬리 등 싫어하는 부분을 만질 때에는,
부드럽게 1번 쓰다듬고 상(간식 조금)을 준다 → 부드럽게 2번 쓰다듬고 간식 → 부드럽게 3번 쓰다듬고 칭찬…
이런 방법으로 하면 조금씩 만질 수 있게 된다.

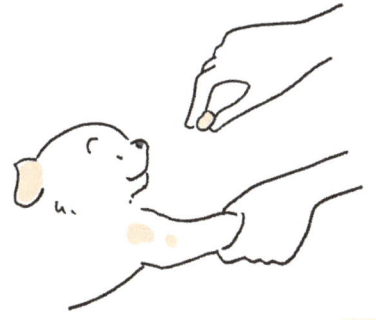

깊은 애정으로 1~3회 정도 몇 번이고 반복하는 동안에 개와 주인 사이에는 신뢰관계가 쌓여 개는 쓰다듬어주는 것으로 마음이 편안해진다. 짧은 시간의 연습을 수차례 반복하는 것이 포인트.

사나운 늑대에서 순종하는 개로 개가 거쳐온 진화과정

역사

「개」와 사람의 만남은 약 1만 4000년 전에 시작

개의 조상은 늑대라고 한다. 그러나 일반적으로 사납고 흉폭한 육식 맹수의 이미지인 늑대가 어떻게 지금처럼 순종하는 귀여운 개로 변화한 것일까?

늑대와 우리들의 만남은 사람이 아직 원인(原人)이었던 약 40만 년 전까지 거슬러 올라간다. 이것은 원인의 거주지역과 늑대의 서식지역이 같은 곳에 있었기 때문이다. 그 당시에는 잡아먹거나 잡혀 먹히는 서로가 포식 대상이었다고 보고 있다.

그러나 그런 늑대 가운데 서서히 원인을 따르는 녀석이 나타난다. 그것이 늑대에서 「개로 변화」하는 첫 단계이다. 그리고 지금부터 1만4000년 전에 늑대와는 확실히 다른 「개」가 탄생한다. 인류는 최초로 석기를 만들고, 그 다음에 불을 사용하는 것을 배우고, 마지막에 집을 지키는 개나 사냥개로서 개의 능력을 이용하는 것으로 험난한 빙하기를 살아남았던 것이다.

로마시대에는 오늘날의 개의 원형이 완성

오랜 유적에서 발견된 개의 뼈를 보면 그 크기는 모두 제각각이지만, 특별히 변한 형태의 견종은 없었다는 것을 알 수 있다.

그렇지만 지금부터 약 4000년 전에는 가는 얼굴과 긴 발을 가진 그레이하운드Greyhound의 조상, 튼튼한 마스티프Mastiff의 조상, 특별히 다리가 짧은 개 등이 출현하였다. 로마시대에는 오늘날에도 기르는 주된 견종의 조상이 만들어졌다고 본다.

그 이후에 개는 인간생활에 도움이 되도록 기능적인 면에서 거듭 개량되었다. 특히 유럽 귀족사회가 확립된 13～15세기에는 사냥이 권력과 지위의 상징으로 중요했기 때문에, 목적에 따른 다양한 견종이 만들어졌다. 현재, 세계에는 300～400종류의 견종이 존재하고 있다.

원시인을 따랐던 순종하는 늑대가 마침내 개로 진화됐다고 본다.

● 늑대에서 개로 —— 개들이 거쳐온 진화의 역사

년대	시대구분	인간	인간과 개와의 관계사
40만 년 전 30만 년 전 15만 년 전	구석기 시대 전기 구석기 시대 전기 구석기 시대 중기	원인(原人) 원인(原人) 원인(原人)	영국 복스그로브 유적지에서 늑대 화석 출토 중국 주구점(周口店) 유적지에서 늑대 화석 출토 프랑스 남부의 산기슭(Lagrotle du Lazaret)에 있는 동굴에서 늑대 화석 출토
↓ 늑대에서 개로			서식지역이 중복되었던 인간과 늑대는 서로 잡아 먹거나 먹히는 포식관계였으나, 그 중에 사람의 남은 음식을 얻어먹으려는 붙임성 있는 늑대가 「개로 변화」한 계기가 되었다.
1만4000년 전 1만2000년 전	구석기 시대 후기 구석기 시대 후기	신인(新人) 신인(新人)	독일 오버캐슬 동굴에서 개의 아래턱뼈 출토 이스라엘 에인머러 유적지에서 강아지를 안고 매장되었던 사람의 뼈 출토 ※ 이 시기의 개는 이미 4종류 타입으로 분류되었다.
9400년 전	중석기 시대	신인(新人)	일본에서 가장 오래된 개 「승문견(繩文犬, 죠우몽시대의 개)」의 화석 출토
↓ 개의 다양화			골격형태에서 늑대와는 확실히 다른 「개」가 탄생. 이 시기의 개는 이미 대형 맹수 등 사람에게 「적」의 침입을 알리는 번견(집 지키는 개), 사냥을 돕는 사냥개의 역할을 했고, 사람의 애완동물 대상이기도 했다.
4000~3000년 전 2000년 전	신석기 시대 로마 시대	현대인 현대인	여러 종류의 개의 뼈 출토 오늘날의 개의 원형이 거의 빠짐없이 나옴
↓ 견종 확립			집 지키는 개, 사냥개, 양치기 개, 썰매나 짐을 끄는 개, 쥐나 토끼 등 피해를 주는 동물 사냥 등, 세계 각지에서 각기 목적에 따라 다양한 종류의 개가 만들어졌다.
A.D.13~15세기	중세	현대인	귀족사회 확립으로 견종이 비약적으로 늘어남
↓ 견종의 다양화			유럽에서 귀족사회가 확립하고, 사냥이 부와 권력의 상징으로 중요시되었다. 그 때문에 늑대, 사슴, 수달, 오소리 등 사냥감에 따라 각각 견종이 만들어질 정도로 개 종류(특히 사냥개)의 수가 비약적으로 증가하였다.
현대	현대	현대인	세계에 300~400 종류의 견송이 쫀재

견종에 따라서 성격에도 차이가 있다

몇 대에 걸쳐 계속 이어온 순수혈통의 체형, 체질, 성격

세계에 300~400종류나 되는 개의 순수혈통은 몇백 년의 시간이 걸려서 어느 목적을 위해 사람이 만들어낸 것이다. 그래서 체형은 물론 체질과 성격까지도 어미견에서 강아지로 몇 대나 이어져 내려오고 있으며, 견종에 따라 어느 정도 성격을 예측할 수 있다.

예를 들어, 요크셔 테리어, 스코티시 테리어는 소형견으로 겉보기에도 귀여운 인기 견종이다. 그러나 '테리어'는 라틴어로「테라(땅)」를 의미하는데, 원래는 땅 속 굴에 사는 작은 동물의 사냥감을 몰아넣고, 그 장소를 큰 소리로 주인에게 알리기 위해 만들어진 개다. 그렇기 때문에 흥분하기 쉽고, 사냥감을 확보할 때까지 포기하지 않는 강한 끈기가 있으며, 성질이 과격한 개가 많다고 한다.

한편, 몸집이 크고, 키우기가 벅차 보이는 골든 리트리버, 래브라도 리트리버는 사냥꾼이 쏘아 떨어뜨린 새를 호수나 강에서 회수 오기 위해 만들어진 견종이다. 그래서 스스로 사냥감을 쫓아 모는 공격성은 적고, 애완견으로서는 비교적 다루기 쉬운 성격이다. 덧붙이자면, 리트리버란 영어로「회수하다」라는 의미다.

개를 기를 때에는 개와 어떤 방법으로 함께 어울리고 싶은지를 생각하여, 생활 방식이나 가족 구성원에 맞는 견종을 선택해야 한다.

성별 차이나 개성도 인정한다 깊은 애정으로 기르는 방법이 필요

단, 개의 성격은 유전적인 요인으로만 결정되는 것이 아니다. 먼저, 수캐와 암캐를 비교하면 수캐는 놀기 좋아하는 장난꾸러기가 많고, 암캐는 온화한 응석꾸러기가 많다고 한다.

또한, 같은 어미견에서 동시에 태어나도 활발한 강아지, 고집 센 강아지, 경계심이 강한 강아지, 소극적인 강아지, 금세 포기하는 타입, 포기하지 않는 타입 등 개성도 여러 가지다. 주인의 성격이나 기르는 방법, 가족 구성, 주거 환경 등 여러 가지 후천적인 요인으로도 개의 성격은 크게 영향을 받는다.

각각 개의 개성을 인정하고 키우는 것이 좋다.

:: 강아지 성격을 구분하는 방법 ::

같은 견종의 강아지가 여러 마리 있을 경우에는 자세를 낮추고 손을 내밀어 「이리 와」라고 부드럽게 말을 거는 것만으로도 어느 정도 성격을 알 수 있다.

TYPE1 ▶▶
멀리서 「왕왕」 짖는다

아직 사람과의 만남이 적고, 경계심이 강하다. 무리하게 억압하거나 쫓아가서 주위를 돌면 오히려 경계심을 더 강하게 만드는 결과가 된다. 사회화 기간(p.64 참고)이 끝나기 전이면 충분히 사람을 따르게 되므로 조용하고 안정된 가정으로 분위기를 만들자.

TYPE2 ▶▶
어찌하면 좋을까 모르는 표정으로 구석에 앉아 상황을 살핀다

소심하고 내성적이며 애정을 받고 싶어하는 외로움을 타는 강아지. 밝고 명랑한 가족이면 느긋하고 대범한 성격으로 자란다. 돌보는 것을 좋아하는 사람에게 적당하고, 또는 조용하고 안정된 가정도 좋다.

TYPE3 ▶▶
온화한 표정으로 조용히 다가와 얼굴을 올려다본다. 쓰다듬으면 좋아한다

사람을 좋아하고 호기심이 왕성하며, 신중하고 부드러운 성격. 온화하게 개와 어울리고 싶은 사람, 처음 개를 키우는 사람에게 적당하다.

TYPE4 ▶▶
떨어질 정도로 꼬리를 흔들며 손의 냄새를 맡거나 핥는다

밝고 호기심이 왕성하며 적극적인 성격. 개와 충분히 놀아줄 수 있는 라이프 스타일, 가족 구성인 가정에 적당하다.

TYPE5 ▶▶
가장 빨리 주인에게 다가가는 개를 방해하고 자신이 맨 앞에 나서려고 한다

자기를 나타내려는 욕심이 강한 자신 있는 타입. 경기나 쇼에서 1위를 한 개에게 이런 타입이 많지만, 머리가 지나치게 좋아서 반대로 길들이기가 매우 힘들지도 모른다. 강한 리더십으로 개와 관계를 맺을 자신이 있는 사람에게 적당하다.

성격 차이를 알 수 있는 견종 가이드

건독 그룹 GUN DOG GROUP

새 사냥 전문으로 사용되었던 그룹. 대형 견종이 많지만 쓸데없이 짖을 걱정도 비교적 적고, 공격성이 낮기 때문에 비교적 가정에서 애완견으로 기르기 쉽다. 밝은 성격으로 놀기 좋아한다. 특히 물놀이는 자신 있는 종목이다.

골든 리트리버
신장 50.0~60.0cm 체중 25.0~35.0kg

밝고, 천진난만한 성격. 온순하고 아이들의 놀이 상대로도 참을성 있는 순종 그 자체의 성격이다.

아메리칸 코커 스패니얼
신장 35.0~38.0cm 체중 9.0~14.0kg

밝은 성격이며, 영리하고 길들이기 쉽다. 아이들과 잘 놀며 애정이 풍부하다.

이 그룹의 종류
래브라도 리트리버 / 플랫 코티드 리트리버 / 아이리시 세터 / 잉글리시 포인터 / 잉글리시 세터 / 와이마라너

하운드 그룹 HOUND GROUP

「하운드」는 사냥개란 의미. 사막 등 시야가 탁 트인 장소에서 시각을 재능으로 사냥하던 사이드 하운드 계통과, 숲 등지에서 후각을 재능으로 사냥하던 센트 하운드 계통으로 크게 나뉜다. 호기심이 왕성하고 운동을 좋아한다

미니어처 닥스훈트
신장 13.0~25.0cm 체중 3.0~5.0kg

오소리나 토끼 사냥용으로 만들어진 호기심이 왕성한 개. 놀이나 장난도 매우 좋아한다.

비글
신장 30.0~38.0cm
체중 7.0~12.0kg

토끼 사냥용으로 만들어진 영국이 원산지인 개. 지구력이 높고 끈질길 정도로 놀자고 한다.

이 그룹의 종류
보르조이 / 아프간 하운드 / 그레이 하운드 / 바셋 하운드 / 휘펫

테리어 그룹 TERRIER GROUP

토끼 등 소형동물 사냥에 사용했던 사냥개. 굴 속에 숨은 사냥감이 사냥꾼이 기다리는 땅 위로 나타날 때까지 끈기 있게 몰아내는 성격은 지금도 남아 있다. 귀여운 겉모습과 어울리지 않게 고집 센 장난꾸러기가 많다.

잭 러셀 테리어
신장 25.0~38.0cm　체중 5.0~7.0kg

하루종일 달려도 지치지 않는 체력을 갖고 있다. 훈련 능력도 높다.

요크셔 테리어
신장 20.0~25.0cm　체중 2.0~3.0kg

밝은 성격으로 사랑 받지만, 흥분하기 쉬워 잘 짖기도 한다. 낯가림이 심한 응석꾸러기이다.

이 그룹의 종류
스코티시 테리어 / 미니어처 슈나우저 / 웨스트 하이랜드 화이트 테리어 / 와이어 폭스 테리어 / 에어데일 테리어 / 불 테리어

워킹 그룹 WORKING GROUP

사람을 대신하여 짐을 나르거나 번견(집 지키는 개)으로서 활약하고, 뛰어난 후각 능력으로 물건을 찾는 등 다양한 분야에서 사람을 돕기 위해 일해왔던 개들. 높은 작업의욕, 운동욕구를 만족시키는 충분한 운동이 필요하다.

그레이트 피레니즈
신장 64.0~80.0cm　체중 39.0~57.0kg

피레네 산맥 중턱에서 양떼를 늑대로부터 보호했던 대형견. 경계심이 강하지만 평소에는 온화하다.

버니즈 마운틴 독
신장 65.0~70.0cm　체중 30.0~40.0kg

스위스 산악지대에서 짐차를 끄는 일을 해왔다. 온화하고, 하찮은 것에는 동요하지 않는다.

이 그룹의 종류
세인트 버나드 / 그레이트 데인 / 복서 / 도베르만 / 로트와일러

허딩 그룹 HERDING GROUP

목양·목축에 사용하던 개들. 자신이 판단하여 양떼를 몰았던 종류로 자신감이 충만하다. 넓은 목장을 달렸기 때문에 운동 능력도 높고, 장애물 통과나 원반던지기 경기에서 활약하는 개도 많다.

웰시 코르기
신장 25.0~30.0cm 체중 10.0~14.0kg

소를 모는 목축견이였기 때문에 대형견과 같은 운동량이 필요. 성격은 적당히 붙임성이 있다.

셰틀랜드 십독
신장 33.0~40.0cm 체중 6.5~10.0kg

영국에서 개량된 목양견. 현명하고 파트너에게 순종하며, 운동을 하는 것과 사람과 함께 노는 것을 좋아한다.

이 그룹의 종류
콜리 / 보더 콜리 / 비어디드 콜리 / 저먼 셰퍼드 / 올드 잉글리시 십독

스피츠 그룹 SPITZ GROUP

「스피츠」는 독일어로 「뾰족한 것」이란 의미. 쫑긋 선 귀와 긴 코가 특징. 대부분은 경계심이 강하여 번견(방범견)으로 활약. 주인과는 강한 유대감으로 맺어지지만 그 외의 사람은 잘 따르지 않는다

진도견
신장 45.0~55.0cm 체중 16~20kg

수렵에 대한 강한 본능을 가지고 있다. 주인에게는 순종하지만 낯선 사람은 경계한다.

시베리안 허스키
신장 50.0~60.0cm 체중 16.0~27.0kg

시베리아 북동부 처크치족의 눈썰매를 끌었다. 인내심이 강하고 장난이나 놀이를 매우 좋아한다.

이 그룹의 종류
진도견 / 일본 스피츠 / 아키다견 / 알래스칸 맬러뮤트

토이 그룹 TOY GROUP

애완견으로 사랑받는 소형견. 사냥개로 활약하던 개를 개량했던 예도 있다. 같은 그룹에서도 성격은 여러 가지다.

컴패니언 그룹 COMPANION GROUP

지금까지 소개한 어느 그룹에도 속하기 어려운 순수혈통의 개들. 각기 개성적인 용모와 성격으로 사랑받는다. 우리 인간의 친구 같은 존재다.

치와와
신장 13.0 ~ 15.0cm   체중 1.0 ~ 2.7kg

개 가운데서 가장 작은 개. 추위에 약하지만 용감한 기질로 운동량도 풍부하다.

불독
신장 30.0 ~ 40.0cm   체중 20.0 ~ 23.0kg

투견 출신이지만 개량이 계속되어 지금은 완전히 온화해졌다. 조금 완고하지만 기분을 잘 맞추는 성격이다.

파피용
신장 20.0 ~ 28.0cm   체중 3.0 ~ 5.0kg

스패니얼을 개량해서 만들었다. 머리가 좋고 활달한 개. 운동신경도 발달했고 스포츠를 매우 좋아한다.

달마시안
신장 55.0 ~ 60.0cm   체중 20.0 ~ 30.0kg

집시의 마차 옆을 달리면서 여행했던 개. 운동량이 풍부하다.

이 그룹의 종류
토이 푸들 / 퍼그 / 말티즈 / 포메라니안 / 시추 / 캐벌리어 킹 찰스 스패니얼 / 페키니즈 / 미니어처 핀셔

이 그룹의 종류
스탠더드 푸들 / 프렌치 불독 / 차우차우 / 비숑 프리제

인간사회와 융화하는 중요한 사회화 교육

사회화기

개의 일생을 좌우하는 것은 14주까지의 사회화기

「세살 버릇 여든까지」라는 속담이 있다. 이 말은 개에게도 꼭 들어맞는 말이다. 강아지가 인간 사회의 규칙을 받아들여서 인간사회와 융화할 수 있는가는 생후 14, 15주까지의 「사회화기」라고 불리어지는 시기를 어떻게 지내느냐에 달려 있다.

이 시기의 개는 어미견이나 형제들과 놀이를 통해 개의 인사방법이나 보디 랭귀지, 지나친 공격태도는 안 된다는 것 등 여러 가지 개 사회의 규칙을 배운다. 또한, 인간과 접촉하는 것, 사람과 인사하는 방법이나 노는 법, 초인종이나 청소

●강아지의 성장 과정

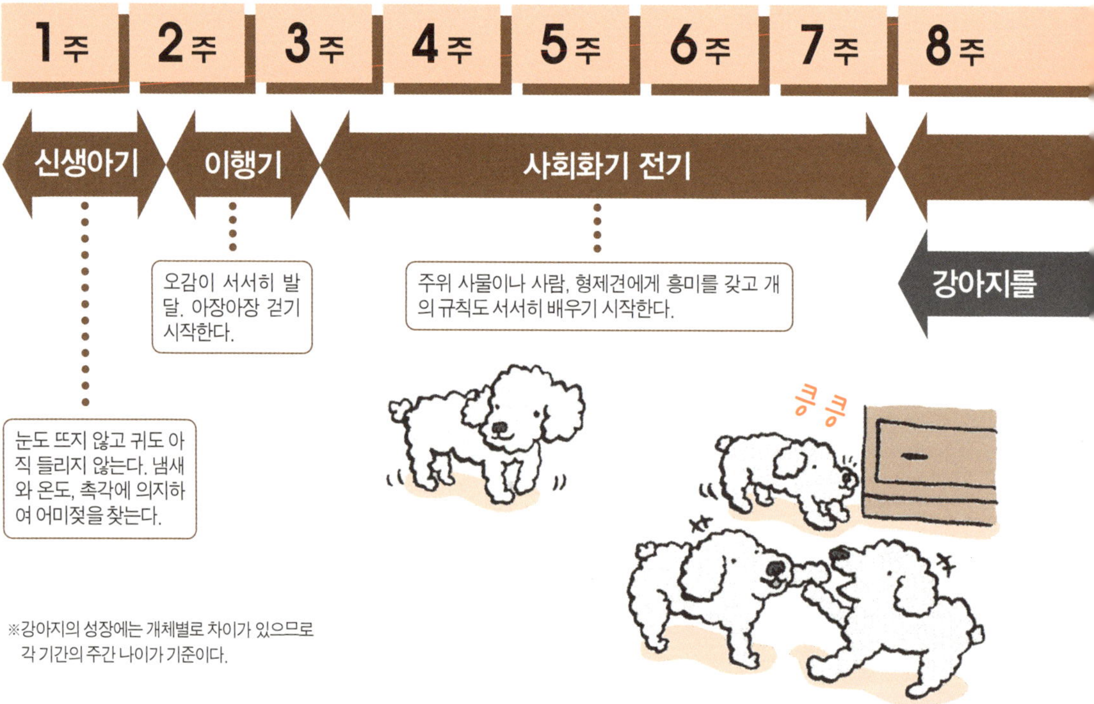

| 1주 | 2주 | 3주 | 4주 | 5주 | 6주 | 7주 | 8주 |

신생아기 (1주)
눈도 뜨지 않고 귀도 아직 들리지 않는다. 냄새와 온도, 촉각에 의지하여 어미젖을 찾는다.

이행기 (2~3주)
오감이 서서히 발달. 아장아장 걷기 시작한다.

사회화기 전기 (3~7주)
주위 사물이나 사람, 형제견에게 흥미를 갖고 개의 규칙도 서서히 배우기 시작한다.

강아지를 (8주~)

※강아지의 성장에는 개체별로 차이가 있으므로 각 기간의 주간 나이가 기준이다.

기 소리에 익숙해지는 것, 산책 방법 등 사람과 어울리는 사회화의 규칙도 배운다.

그렇지만 사회화기가 지나면 개는 새로운 것을 받아들이는데 시간이 걸린다.

과거 실험이 알려주는 계속적인 사회화의 중요성

아직 개의 권리의식이 확립되어 있지 않았던 1959년대에 강아지를 두 개의 그룹으로 나누어 실험을 했다.

그룹 A는 태어나서 14주가 될 때까지 전혀 사람과 교류하지 않고 자란 강아지들. 그룹 B는 태어나 14주까지 사람과 충분히 접촉하고 사회화를 익힌 강아지들. 단, 그 후에 몇 개월 동안 어두운 방에 가두어 놓고 식사할 때를 제외하고는 바깥 세계와 접촉을 모두 차단했다.

그 결과 그룹 A의 강아지들은 그 후 아무리 귀여워해도 사람과 친해지는 경우가 거의 없었고, 길들이기를 기억하는 것도 불가능했다.

한편, 그룹 B의 강아지들은 그룹 A와 비교하면 약간 사람을 받아들이기는 했지만 강아지 때의 기억이 거의 남아있지 않고, 사회화 또한 처음부터 다시 해야 하는 결과가 나왔다.

즉, 개의 사회화는 14, 15주까지의 사회화기가 큰 영향을 미치지만 그 후에도 계속적인 사회화가 필요하다는 것을 실험을 통해 알게 되었다.

| 9주 | 10주 | 11주 | 12주 | 13주 | 14주 | 15주 | 16주 |

사회화기 후기 | **사회화기 완료시기**

려올 가장 적합한 시기

7주 이전이면 개 동료끼리의 사회화가 충분하지 못한 시기다. 사회화가 충분히 이루어져 있으면, 11주 이후에 데려와도 문제는 없다.

아직 산책은 이르지만 가슴에 안은 상태로 베란다에서 거리의 소리나 바람, 정원의 흙이나 풀의 감촉 등을 기억시키는 시기. 가족 외의 사람을 만나게 하여 마음 편히 받아들이는 연습을 시작.

다른 개나 동물, 가족 이외의 낯선 사람과도 무리 없이 친해지는 시기. 처음 산책도 이 시기에 시작. 처음에는 실내에서 걷는 연습을 한다.

무리 속에서 서열 정하기는 늦대시절의 습성

리더

리더의 명령에는 충실한 늑대의 계급사회

늑대는 이동이나 사냥도 무리를 져서 움직인다. 몇 마리의 늑대가 혼란스럽지 않게 효율적으로 사냥하려면 그것을 지휘하는 리더와, 그 명령에 따르고 각자의 역할에 충실하는 계급사회가 필요했다. 그런 늑대의 피를 이어받은 개도 같은 성향으로 계급의식을 갖고 있다.

그래서 개는 일상적인 여러 경험을 통해 무리(가족) 속에서 누가 리더십을 장악하고 있는지를 관찰하고, 리더십을 인정한 사람의 말은 잘 듣는다. 그러나 리더십을 인정하지 않은 사람의 말은 안 듣는 경우도 있다.

가족 모두가 개한테 리더십을 발휘한다

개한테는 자기가 리더십을 인정하지 않은 사람에게 명령받는 것이 커다란 스트레스이며, 가족 또한 개가 말을 듣지 않는 것은 짜증나는 일이다.

이렇게 되지 않으려면 강아지 때부터 대하는 방법이 중요하다. 개를 지나치게 귀여워해서 식사를 조르면 밥을 주고, 놀자고 졸라대면 놀아주고, 가족 모두가 개의 요구를 전부 들어주면 개는 점차「주인은 무엇이든지 원하는 것을 해주니까, 내가 최고야」라고 생각해버린다.

가족 모두가 개의 요구를 모두 받아주면 개는「주인은 무엇이든지 원하는 것을 해준다」고 착각하여 요구를 들어주지 않으면 반항하는 경우도 있다.

계급의식의 강약은
견종이나 개성에 따라 다양하다

그럼 모든 개가 항상 리더의 위치를 노리는 것일까? 그 대답은 No.

사람도 높은 지위를 갖고 사회적으로 활약하고 싶은 사람이 있는가 하면, 즐겁게 마음 편히 살아가면 그것으로 충분하다는 사람이 있듯이, 모든 개가 리더가 되고 싶은 것은 아니다.

또한, 견종에 따라서도 계급에 대한 사고방식에는 차이가 있다. 테리어 그룹, 스피츠 그룹 등은 상하관계를 확실하게 구분하고 싶어하는 타입이지만, 리트리버 계통의 개는 「모두 사이좋게 즐겁게 지내면 서열은 별로 상관없다」는 관대한 사고방식을 가진 타입이 많다.

:: 주인이 바른 리더십을 몸에 익히려면 ::

 Point 1 [주도권을 잡는다]

놀자고 조를 때도, 식사나 산책도 항상 주인이 주도권을 잡는 것이 중요하다. 예를 들어, 소파에 앉는 것은 결코 허락하면 안 되지만, 개가 아무렇지도 않게 앉아 있을 때는 반드시 내려오게 하고, 주인이 앉은 다음에 올라와 앉는 것을 허락한다.

 Point 2 [일관성을 갖는다]

개를 대할 때는 일관성을 갖는다. 예를 들어, 어느 날은 식탁에서 음식을 주고, 다른 날에는 식탁에 발을 올려놓는 것만으로도 야단치는 일을 하지 않는다. 가족 모두가 규칙과 지시어를 통일하여 개를 대하는 것이 중요하다.

 Point 3 [개에게 알기 쉽게 대하고, 바람직한 행동을 가르치고, 포상을 준다]

개가 바람직하지 않은 행동을 못하게 환경을 정리하고, 바람직한 행동을 했을 때는 상을 준다. 예를 들어, 사물을 갉는 것은 개의 정상적인 행동인데 이를 야단맞으면 어떻게 하면 좋을지 몰라 혼란해할 뿐이다. 그럴 때는 갉으면 안 되는 물건을 잘 치우고, 갉아도 좋은 장난감을 준다(= 환경을 정리한다). 또, 갉아도 좋은 장난감을 갉으면(= 바람직한 행동) 개를 칭찬해준다(= 포상). 자신에게 흥기나 즐거운 일이 있으면 개는 그 행동을 반복한다.

믿음직한 리더를 위해 노력하는 것이야말로 개의 행복

늑대의 리더에게 요구되는 통솔력, 판단력, 행동력

개가 요구하는 리더의 모습을 알기 위해서 늑대 무리와 리더에 대해서 조금 더 상세하게 소개한다.

먼저, 늑대 무리는 2~3마리에서 15~16마리까지 다양한 무리의 그룹이 있다. 이것은 그 무리가 생활하는 영역에 어떤 사냥감이 있는가에 따라 변화한다. 들쥐나 토끼 등 작은 짐승을 사냥한다면 2~3마리의 무리여도 충분하지만, 멧돼지나 사슴 등 큰 짐승을 몰기 위해서는 어느 정도의 수가 필요하기 때문이다.

무리에서 수컷의 리더와 암컷의 리더가 선출된다. 그리고 번식행동은 이 리더끼리만 한다. 그 밖에 대다수의 멤버는 평생 교미 한번 못해보고 끝나는 것이 보통이다.

수컷은 늙은 리더의 교대시기가 올 때까지 한번 결정된 서열이 흔들리는 일이 없다. 그러나 암컷은 서열이 변동하기 쉽다. 자신의 자손을 남기기 위해 항상 리더의 지위를 노린 술책이 벌어진다.

그럼 리더는 어떤 수컷이 되는 것일까? 그것은 결코 싸움이 빠른 공격적인 타입이 되는 것은 아니다. 오히려 공격적인 멤버를 잘 조정할 수 있는 통솔력, 사냥감이 많은 사냥터를 선택하거나 안전한 잠자리를 확보할 수 있는 판단력, 발견한 사냥감을 도망가지 못하게 제지하는 행동력을 겸비한 머리 좋은 늑대가 된다.

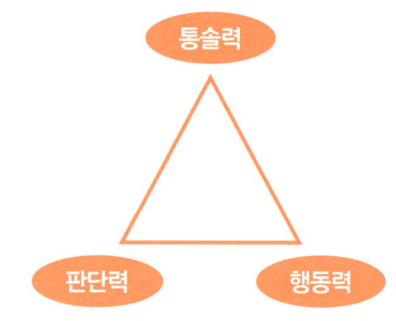

이 3가지 요소의 균형을 이룬 늑대가 무리를 통솔한다.

개는 가족 모두에게 애정을 쏟는 믿음직스런 주인을 원한다

늑대가 원하는 리더의 모습은 그대로 개가 원하는 리더의 모습으로 이어진다. 즉, 가족 모두에게 애정을 쏟고, 가족을 원만하게 통솔하며, 항상 맛있는 음식과 안심하고 잘 수 있는 장소를 제공하고, 개가 원하는 놀이나 운동을 적절하게 해준다 ──. 이것이야말로 개가 주인에게 바라는 리더상이다.

일반적으로 리더인 주인에게 강한 신뢰감을

갖는 개는 온화하며 원만한 성격으로 자란다. 반면, 항상 리더에게 불만을 느끼는 개는 정서불안이나 신경질적이고 침착하지 못한 성격이 되기 쉽고, 심한 스트레스로 몸이 상하거나 정신적인 병에 걸리는 경우도 있다.

믿음직스런 주인을 만나 그 리더에게 충성을 다하는 것이야말로, 개한테는 최대의 행복인 것이다.

:: 개가 불안해 하는 주인의 행동 ::

대부분의 개는「실직 상태」 놀이로 본능을 만족시킨다

놀이

개가 가장 좋아하는 것은 사냥과 비슷한 체험 놀이

개는 인간생활에 도움을 주도록 다양하게 견종이 개량되어 왔다. 그러나 오늘날에는 사냥용으로 기르거나, 양치기, 목축, 수레끌기 등에 사용되는 개는 매우 드물다. 대부분의 개가 우리 가족의 일원으로서 온화한 일상생활을 보내고 있다.

그러나 이것은 개 입장에서 보면 원래 해야 할 일이 주어지지 않은「실직」한 상태다. 타고난 수렵본능이나 작업의욕을 배출하지 못하고 무료한 시간을 보내는 것이다.

그런 개에게 놀이는 스트레스를 발산하는 절호의 기회다. 특히 개는 움직이는 것을 쫓아 달려가면서 노는 것을 매우 좋아한다. 주인이 공이나 원반을 던지면 곧장 쫓아 달려가 점프해서 입으로 잡는 것에 보람을 느끼고, 잡은 것을 기쁜 듯이 주인에게 가져온다. 이 일련의 행동은, '사냥감을 쫓아간다 → 포획 → 회수 → 동료와 사냥감을 배분한다'는 바로 사냥의 유사 체험이다.

바닥에 떨어진 타월이나 주인이 벗어던진 양말을 입에 물고 흔들면서 돌아다니는 것도 잡은 사냥감의 목 부위를 물어서 보다 깊은 상처를 입히려는 행동에서 비롯된 것이다.

또,「앉아」,「엎드려」,「기다려」 등의 지시에 따르거나 여러 재주를 익히는 것도 개의 작업 의욕을 충족시키는 것과 연결된다.

동료(주인)와 함께 노는 것을 좋아하는 개는 주인이 관심을 보이지 않고 혼자 갖고 놀 장난감도 없으면 사람과 똑같은 표정으로 무료함을 호소한다.

:: 개가 좋아하는 놀이 ::

[공놀이]

바닥에 공을 굴리거나 리드줄을 풀어줘도 안전한 넓은 장소에서 공을 던져 「가져왜」라고 부른다. 입으로 잡은 공을 놓지 않을 때에는 개 앞에 간식을 내밀어 공을 놓게 한다. 사냥의 과정을 유사하게 체험할 수 있기 때문에 개가 가장 기뻐하는 놀이 중 하나다.

[원반던지기]

이것도 움직이는 것을 쫓아가서, 포획하고, 회수하는, 공놀이와 같은 만족감을 느끼는 놀이. 단, 원반의 소재에 따라서는 입에 무는 순간 이가 상하는 경우도 있다. 또, 고관절이나 척추에 문제가 있는 개는 다칠 수도 있으므로 주의해야 한다.

[갉기 · 깨물기]

사냥감을 잡은 만족감과 그것을 물었을 때의 감촉을 즐기는 놀이. 그냥 내버려두면 개는 집안의 물건을 갉고 깨물어버리기 때문에 미리미리 갉아도 좋을 장난감과 그렇지 않은 것을 정리해 놓아야 한다. 장난감에 관해서는 p.90 참고.

[술래잡기]

누군가에게 부탁하여 개를 일단 방 밖에 기다리게 한 다음, 주인이 소파 뒤나 커튼 뒤에 숨어 「찾아봐라」하고 지시하여 개가 찾게 한다. 개는 후각이 발달되어 있기 때문에 발견하는 것은 간단하지만 찾아냈을 때에 칭찬받는 것으로 만족감을 얻는다.

잡아끄는 장난으로 크게 흥분!
언제까지라도 계속 논다

놀이

놀이의 컨트롤은 주인의 역할

놀이는 개를 즐겁게 하고 운동욕구나 작업욕구를 만족시킬 뿐만 아니라, 주인과 개와의 관계가 깊어지는 중요한 역할도 있다. 주인은 할 수 있는 한 개와 노는 시간을 많이 갖는 게 좋다.

단, 개의 요구를 제한 없이 무한정 들어주는 것은 곤란하다. 그리고 개가 요구하는 대로 놀아주면 개는「요구하면 반드시 놀아주니까 주인은 언제나 원하는 것을 들어주는 사람이다」라고 착각할 수도 있다.

그것을 피하기 위해서 놀이의 주도권을 항상 주인이 장악하는 것이 중요하다. 예를 들어, 개가 재촉하지 않아도 때로는 주인이 먼저 느닷없이 놀자고 한다(단, 잠잘 때는 깨우지 말 것).

또, 일단 놀이가 시작되면 개는 몇 번이고 반복해서 놀기를 원하지만 그만두는 시간을 정하는 것도 주인의 역할이다.

특히「잡아당기는 장난(줄다리기)」은 개가 너무 즐거운 나머지 지나치게 흥분하기 쉬우므로 개의 상태를 보고 지나치게 흥분하기 전에 놀이를 그만둔다.

함께 노는 장난감은 항상 주인이 관리한다

많은 장난감을 가지고 있으면서 그것에 눈도 돌리지 않는 개를 종종 본다. 그것은 장난감이 언제나 옆에 있기 때문에 개에게 흥미의 대상으로서의 가치를 잃었기 때문이다.

갉기 위한 장난감은 준 채 그냥 내버려두어도 상관없지만 공, 원반, 물어서 가져오는 전용 인형, 줄다리기 전용 로프 등 주인과 함께 노는 장난감은 반드시 주인이 관리한다.

또한, 아침에 준 장난감을 밤에 잠자기 전에 회수하거나 많은 장난감 중에서 몇 개를 매일 교대로 바꾸어주면 개는「장난감은 주인이 주는 것 = 그래서 주인이 너무 좋아」라고 의식하게 된다. 이것은 적은 수의 장난감을 효과적으로 이용할 수 있을 뿐만 아니라 주인의 리더십을 높이는 것과도 이어진다.

∷「잡아당기는 장난」은 노는 방법에 주의가 필요 ∷

개는 포식행동을 자극하는「잡아당기는」놀이를 매우 좋아한다. 그러나 지나치게 즐거운 나머지 너무 흥분하여 으르렁거리거나 무는 버릇이 생길 수도 있다. 개가 흥분하기 시작하면 곧바로 놀이를 그만두는 등 놀이를 컨트롤하는 것이 중요하다.

처음에는 적당하게 힘을 주고 빼면서 잡아당기는 장난을 즐기지만, 지나치게 흥부하면 보다 강하게 로프를 잡아당기면서 으르렁거리거나 심하게 머리를 흔들기 시작한다.

O [냉정한 대응]
장난감을 빼앗아 넣어버린다. 주인은 평소의 생활로 돌아간다. 지나치게 흥분했을 때에는 장난감을 그냥 두고 흥분한 개를 남겨두고 방을 나간다.

개의 기분: 어라? 주인이 어디로 가버리네. 로프도 움직이지 않고 재미없네!

결과 개가 냉정함을 찾을 수 있다.

X [잘못된 대응]
「그만~둬!」라고 큰소리를 치며 로프를 잡아당겨 개의 행동을 제지한다.

개의 기분: 주인도 흥분하기 시작했다. 좀더 잡아당기자 ~ 으르렁!

결과 한층 더 흥분하여 으르렁거리기 시작한다. 무는 기쁨을 기억해내서 무는 버릇이 있는 개가 되기도 한다.

 주의 **주인의 승률은 80%를 유지한다**

잡아당기는 장난 때문에 어려운 문제가 생기는 것은 승률. 개가 계속 이기면 개는「자신이 더 강하나」고 직감하고, 반대로 주인이 계속 이기면「아무래도 나는 이길 수 없다」고 생각하고 주인과 함께 하는 놀이 자체에 흥미를 잃어버린다. 주인이 8승2패하는 정도가 이상적인 스코어다.

칼럼 Column

애완견 관련 법규 안내

● 애완견에 대한 보상 기준

재정경제부에서 1999년 7월 19일에 발표한 『소비자피해보상 규정개정 및 시행령』 중 「애완견에 대한 보상기준」에 대해 신설되었고, 또한, 『애완견판매업에 대한 소비자 피해보상규정 개정안』이 2003년 8월 1일부터 적용되었다.

이제는 강아지를 반려동물로서 가족과 다름없이 자식처럼 기르기 때문에 다음과 같은 피해가 발생했을 경우에는 보상기준을 꼼꼼히 알아보고 적절한 대처방법을 강구해야 한다.

애완견 구입 후 일정기간 이내에 폐사하거나 질병 발생시 같은 종의 애완견으로 교환하거나 사업자 책임 아래 회복시켜서 인도하게 되어 있다.

[구입 후 15일 이내 질병 발생 또는 폐사한 경우]

구입한 후 15일 이내에 애완견이 폐사한 경우에는 판매하기 전에 질병이 있었다고 유추하여, 같은 견종의 애완견으로 교환하거나 구입한 금액을 돌려받을 수 있다. 단, 소비자의 중대한 과실로 인하여 피해가 발생한 경우에는 배상을 요구할 수 없다. 또한, 15일 이내 질병이 발생한 경우에는 판매업소의 책임 하에 질병을 치료하여 소비자에게 인도해야 한다.

[판매업자가 애완견을 판매할 때는]

1. 분양업자의 성명과 주소
2. 애완견의 출생일과 판매업자가 인수한 날
3. 혈통, 성, 색상과 판매 당시의 특징사항
4. 면역 및 기생충 접종 기록
5. 수의사의 치료기록 및 약물투여 기록
6. 판매 당시의 건강상태
7. 구입금액과 구입날짜

등을 기재한 서류를 소비자에게 제공해야 한다.

[소비자가 애완견을 구입할 때는]

동물병원의 건강진단서를 반드시 받아두고, 구입금액과 날짜 등이 명시된 영수증을 꼭 챙겨둔다.

또한 재정경제부에서는 "일부 판매업자들이 이의를 제기하지 않는다는 각서를 요구할 경우에 절대 응하지 말 것"을 권유하고 있다.

3 몸의 구조

진화과정이 나타난 견종에 따른 얼굴형의 차이

얼굴

성견의 얼굴은
3~4개월 된 새끼 늑대의 얼굴

300~400종류의 다양한 견종을 비교해 보았을 때, 「정말 이들이 같은 동물일까」라고 의문을 가졌던 적이 있었을 것이다.

유전자 단위를 조사해보면, 아무리 몸의 특징이 다른 견종이라도 DNA에는 거의 차이가 없다. 그뿐 아니라 개와 늑대의 DNA의 차이는 사람으로 보면 민족간의 DNA 차이보다도 적다고 한다.

단, 개와 늑대가 크게 다른 점은 머리 크기다.

예를 들어, 같은 체중의 개와 늑대를 비교해 보면, 개의 머리가 늑대보다 약 20% 정도 작고 그것에 비례하여 뇌 크기와 이도 작다.

성견의 머리 크기는 3~4개월 된 새끼 늑대와 거의 같다. 이처럼 나이가 들어도 새끼 때의 특징이 남아 있는 진화형태를 네오테니(neoteny, 유형성숙, 동물의 개체발생이 일정단계에서 멈추어 그대로 성숙한 것)라고 한다. 개는 새끼 늑대와 매우 닮았기 때문에 「늑대의 유형성숙 동물」이라고 보는 것이다.

진화 과정에서
보다 어려지고, 둥글어진 개의 얼굴

개는 목적에 따라 다양한 견종으로 만들어졌지만, 그 견종의 개량 과정에서는 야생의 수렵본능을 약화시키는 과정도 있었다.

그것을 잘 설명한 것이 다음 페이지에 소개한 견종에 따른 얼굴 모양의 차이다. 강한 수렵본능이 필요한 견종은 코가 길며 얼굴은 야생 자칼이나 코요테를 닮았지만, 사냥본능이 필요 없어지면서 코는 짧고 얼굴은 둥근 형태인 어린 인상으로 변했다. 애완견으로 만들어진 개 중에는 늑대 시대의 흔적이 거의 사라진 견종도 있다.

늑대의 머리

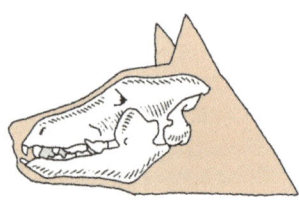

개의 머리

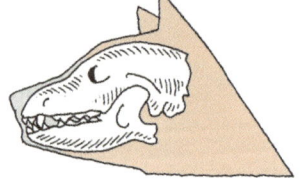

개의 머리는 늑대에 비해 짧고 형태도 둥글다. 개의 머리 크기와 형태는 새끼 늑대의 머리 특징을 이어받았다.

● 개의 머리 형태가 나타내는 진화 과정

진화 과정	견 종		남아있는 사냥 본능	
야생 형태	코요테 자칼		사냥감을 쫓아가서 목 부위를 물고, 머리를 좌우로 흔들어 깊은 상처를 입혀서 숨지게 한다.	강 ↑
사냥감을 추척하는 단계로 성숙	허스키 종류 코르기 종류		사냥감을 굴 속까지 몰아넣고, 울음소리를 높여 위협한다.	사 냥 본 능
번견이나 사냥감에 살며시 다가가는 단계로 성숙	콜리 종류 등		사냥감을 발견하면 조심스럽게 살며시 다가가거나, 멀리에서부터 위협하는 소리를 낸다.	
사냥감에 흥미를 나타내는 단계로 성숙	하운드 종류 리트리버 종류		움직이는 것에 흥미를 나타내고 쫓아가지만, 물거나 위협할 마음이 거의 없다.	
사냥감에는 특히 흥미를 보이지 않는 미완숙 단계로 성숙	세인트 버나드 그레이트 피레니즈		사냥감에 흥미를 나타내지 않고, 각각 특화된 본능(짐수레 끌기 등)에 기쁨을 느낀다.	↓ 약

참고자료 : 『Dogs : A Startling New Understanding of Canine Origin, Behavior & Evolution』 Ray and Lorna Coppinger / NY Scribner 2001

감수성이 풍부한 개일수록 얼굴 표정도 풍부하다

얼굴

주인과의 즐거운 체험이 표정이 보다 풍부한 개로 키운다

개와 사람을 비교하면 사람이 훨씬 표정이 풍부하다. 사람의 얼굴은 의식적으로 움직일 수 있는 수의근(隨意筋, 맘대로근)이라는 근육이 발달되어 있기 때문이다. 사람은 수의근을 사용하여 의식적으로 웃는 얼굴이나 화난 얼굴, 슬픈 얼굴, 정말 놀란 것처럼 눈을 크게 뜨는 등의 표정을 만들 수 있다.

한편 개는 사람만큼 수의근이 발달하지 못했다. 그래도 매일 주인과 접촉하고, 즐거운 체험을 많이 반복하는 개들은 얼굴 근육을 총동원하여 기쁨이나 슬픔을 표현한다. 주인의 표정을 열심히 흉내내는 동안에 개도 풍부한 표정을 몸에 익히는 것이다.

그것에 비해 들개나 묶여진 채 길러진 개들은 기뻐도 슬퍼도 그 감정이 표정의 변화로 나타나는 경우가 드물다.

즉, 주인과 즐겁게 어울리는 것이 개의 표정을 풍부하게 만드는 포인트이다. 그러므로 얼굴 근육의 발달 → 보다 알기 쉬운 풍부한 표정 → 보다 밀접한 주인과의 커뮤니케이션으로, 주인과 개의 관계는 상승효과를 가져와 점점 밀접하게 되는 것이다.

Abillity 능력

사람이 좋다! 주인의 웃는 얼굴을 사랑한다! ── 미소짓는 개

개 중에는 사람처럼 입꼬리를 올리고 눈을 가늘게 뜨고 웃는 듯한 표정을 짓는 개가 있다. 개가 웃다니 금방은 믿을 수 없겠지만, 그것은 늑대나 코요테, 자칼 등 다른 개과 야생동물에서는 전혀 볼 수 없는 개만이 하는 「모방행동」이라고 할 수 있다.

이 행동은 사람에게만 보여주는 것으로 개끼리는 하지 않는다. 즉, 개의 웃는 얼굴은 1만 수천 년에 걸친 인간과 개와의 신뢰의 역사를 나타내는 것이며, 「매우 좋아하는 인간을 흉내내자」라는 개로부터 우러나오는 커뮤니케이션, 즉 마음을 전달하려는 것이다.

:: 꼬리를 흔드는 것은 기쁠 때만이 아니다 ::

만족

「행복하다」, 「모든 게 잘 된다」, 「한가롭다」, 「근처에 무섭고 싫은 것이 없어 편히 쉴 수 있다」

사람의 웃는 얼굴에 가장 가까운 표정. 사람처럼 재미있어서 웃는 것은 아니고 만족감이나 기쁜 감정을 나타낸다.

주목·흥미

「저게 뭐지?」, 「재미있겠다」

이 표정을 보일 때에는 귀와 얼굴을 앞으로 기울여 어느 방향을 응시하는 때가 많다. 눈으로 실제 상황을 판단하고 다음 행동을 살피고 있는 상태다.

불쾌감·위협

「시끄럽다」, 「싫다」, 「저리 가」, 「더 이상 가까이 오지 마」

불쾌감의 원인을 발견한 상태. 그 원인을 향해 낮게 「으르릉」거리는 소리를 내는 경우가 많다.

공격성·불안

「더 이상 다가오거나 무슨 짓 하면 물어버린다!」

사회적으로 서열이 위에 있는 강한 개는 공격성 때문에, 약한 개는 강한 불안감 때문에 나타내는 표정. 어느 쪽이든 그 기분이 상승하면 무는 등 공격적인 행동이 나온다.

개는 뇌가 발달한 머리가 좋은 동물

대뇌신피질 이외에 사람과 큰 차이가 없는 발달한 뇌

p.10에서도 설명한 대로 사람의 뇌와 개의 뇌를 비교하면 기억을 담당하는 대뇌신피질 이외에, 대뇌변연계에는 거의 차이가 없다.

한번 보고 차이를 알 수 있는 것은 개의 경우, 후각을 담당하는 후구(嗅口)가 앞으로 크게 돌출하여 발달한 점(아래그림 참조)이다. 대뇌변연계 자체가 원래는 냄새를 구별하기 위해 발달한 곳. 사실 개의 후각능력이 발달했다기보다 사람의 후각능력이 쇠퇴했다는 편이 더 정확한 해석이다. 사람은 시각능력 등 다른 기관이 발달했기 때문에 냄새에 의한 정보는 그다지 중요하지 않아 쇠퇴되었다고 한다.

개는 일어나는 사건을 정서와 연관시켜 기억한다

또 하나의 큰 차이는 기억을 담당하는 대뇌신피질이 사람이 더 크게 발달했다는 점이다. 「그래도 개는 기억력이 좋은 동물. '개도 사흘만 되면 주인을 잊지 않는다' 는 속담도 있는데」라고 생각하는 사람도 있을 것이다.

확실히 개는 기억력이 좋은 동물이지만 그것은 다섯 감각과 정서를 연관시켰기 때문이다. 「앉아」 등의 지시도 그 '의미' 를 기억하는 것이 아니라 「예전에 『앉아』라고 해서 따랐더니 즐거운 일이 있었지」하고, 주인에게 칭찬받았던 것을 「즐거운 것」으로 기억하는 것에 지나지 않는다. 반대로 강아지 때의 공포 체험이 트라우마(trauma, 정신적 외상)가 되는 경우도 있다.

사람의 뇌

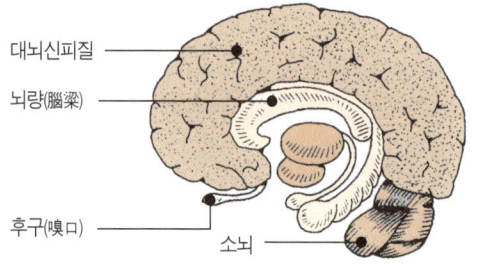

개의 뇌

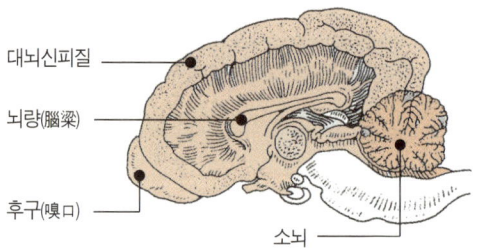

대뇌신피질이 발달한 사람은 과거에 일어났던 작은 사건들을 「이야기」로 기억하는 것이 가능하다. 반면, 개는 사건 자체가 아니라 그 때 느꼈던 「감정」과 연관시켜 기억한다.

:: 개의 기억 구조 ::

식사를 주기 직전에 매번 종소리를 들려주면 개는 종소리를 듣는 것만으로도 침을 흘리게 된다 —— 유명한 파블로프Pavlov의 실험이다. 이런 동물 행동을 「조건부」라고 부르지만 개의 기억의 대부분은 어떤 경험을 통한 「조건부」라고 볼 수 있다.

CASE 1 어린이를 보면 짖는다.

원인 강아지였을 때 아이에게 시달렸다.

결과 「어린이 = 무서운 것」으로 기억

CASE 2 2대의 자동차 중 큰 차에는 타지만 작은 차에는 타지 않는다.

원인 큰 차는 야외에 놀러갈 때 탔었지만 작은 차는 동물병원에 갈 때 탔다.

결과 「큰 차 = 즐거운 곳에 가는 것」
「작은 차 = 무서운 곳에 가는 것」으로 기억

표준체형을 유지하는 것이 건강의 첫걸음

체형

한국의 개는 뚱뚱한 편
생활개선으로 올바른 다이어트를

유럽에 비해 우리나라에는 지나치게 살찐 뚱뚱한 개가 많다. 질병 때문에 살찌는 경우도 있지만, 대부분의 경우는 주인이 귀여워서 대책 없이 음식을 너무 많이 주고 게다가 운동량도 적은 것이 원인이다.

개는 「다이어트를 위해 먹고 싶은 것을 참자」라고 자제할 줄 모른다. 개의 건강을 지키기 위해서도,

① 사람이 먹다가 남긴 음식을 절대로 주지 않는다.
② 정확한 칼로리 계산으로 식사량을 정확하게 준다.
③ 운동량을 늘린다.

등의 주의가 필요하다. 최근에는 개의 다이어트를 지도해주는 동물병원도 늘어나고 있다.

겉모습을 보고, 만진 느낌으로
애견의 비만도를 체크

견종 안내서에는 견종마다 평균체중이나 평균 신장이 나와 있다. 주인은 우선 기본적으로 그런 정보를 알아둬야 한다. 그러나 개도 각각 개마다 차이가 있어 그런 정보만으로는 비만정도를 평가할 수 없다.

개의 체형을 분별하는 기준의 하나로 Body Condition Score(체형분석표, p.83 참고)라는 것이 있다. 이것은 겉모습과 몸을 만졌을 때의 느낌으로 비만인지 아닌지를 판단하는 것이다. 반드시 참고하자.

갑작스런 비만으로 의심되는 질병	갑작스런 체중감소로 의심되는 질병
갑상선기능저하증 부신피질기능항진증 췌장내분비(인슐린 과다) 시상하부 등 뇌 질환	기생충 장염 혈액 관련 질병 갑상선기능항진증 악성종양(암) 구강내 · 인두내 질병 면역력 저하 당뇨병(인슐린 부족)

※ 이외에 비만으로 일어나는 질병으로 관절염, 심장 · 혈관계 질병, 간장 · 신장 등의 기능저하가 있다.

●Body Condition Score(체형분석표)

상태	체형 (위에서 본 모습 / 옆에서 본 모습)	몸의 특징 (만진 감촉)	비고
너무 말랐다		늑골, 척추, 골반, 뼈 등 모든 뼈의 돌기부가 멀리서 보아도 두드러져 보인다. 체지방이 거의 없고, 근육양도 적다.	식사를 충분히 주어도 영양을 충분히 보충할 수 없을 수도 있다. 특히 노령기에 「갑작스럽게 마르는 것」은 위험 신호. 수의사와 상담이 필요하다.
말랐다		늑골이 손쉽게 만져진다. 요추의 앞쪽 끝부분, 골반뼈도 튀어나와 보인다. 허리는 매우 잘록하며 골반이 두드러져 보이는 것을 알 수 있다.	
이상적		늑골은 만지면 확인할 수 있는 정도. 피하지방이 적당하게 붙어 있다. 위에서 보면 허리가 들어간 것을 쉽게 알 수 있다.	식사량, 운동량에 신경 쓰고 지금 그대로 현상 유지할 수 있도록 노력하자.
무겁다		피하지방이 두껍고 늑골을 만지기 어렵다. 허리와 엉덩이의 시작 부위에 많은 지방이 쌓여있다. 허리의 잘록함이 보이지 않는다.	비만은 강아지 때부터 서서히 축척되는 것. 체중 조절은 강아지 때부터 신경써야 한다. 계획적인 감량이 필요하다.
비만		가슴, 등, 꼬리 시작 부위에 지방이 매우 많다. 목이나 네 다리에도 지방이 있고, 복부가 뚜렷하게 불룩하다.	

● 일본 (주)힐스 콜케이트(Hill's Colgate)가 제공한 자료로 작성

골격

1살까지의 급격한 성장기에 평생 골격이 결정된다

성장기간 중 뼈의 상처는 장애 원인이 되기도

개는 생후 약 1년이 지나면 성견이 된다. 이 기간 중에 개의 뼈에는 「성장판(成長板)」이라는 부분이 있고, 뼈는 그 부분에서부터 성장한다. 이 성장판은 성견이 되면 보통 뼈와 같은 조직으로 변하지만, 성장기간 동안에는 연골이기 때문에 보통 뼈보다도 골절되기 쉽고 상처가 나기 쉽다. 이 부분에 상처를 입으면 뼈의 성장에 큰 영향을 미칠 뿐만 아니라 골격에 이상이 오는 등 평생 겪어야 하는 장애를 가질 수도 있다.

건강한 뼈로 만들기 위해서는 성장기에 충분한 영양을 섭취해야 한다. 단, 칼슘을 지나치게 많이 먹으면 성장판이 비정상적으로 성장하는 「칼슘 침착 과다(칼슘이 지나치게 침전하여 부착하는 것)」가 일어나 골격 이상을 일으킬 수도 있다. 성장판이 보통뼈로 되는 시기는 뼈 부위에 따라 다르지만 생후 14개월까지는 필요한 영양을 섭취하고 칼슘 과잉 섭취나 격한 운동은 피하는 것이 중요하다.

견종에 따라서는 유전질환도 주의해야

견종에 따라서는 성견이 되어도 뼈에 병이 걸리기 쉬운 그룹이 있다. 그 하나가 닥스훈트, 시추, 비글, 페키니즈, 불독 등 유전적으로 척추에

갓 태어나서는 손바닥에 올려질 정도로 작았던 그레이트 피레니즈는 약 1년 동안 80cm, 체중 60kg으로 성장한다.

장애가 일어나기 쉬운 연골이상영양(軟骨異常榮養) 견종으로 불리는 그룹이다.

또, 리트리버, 저먼 셰퍼드, 세인드 버나드, 그레이트 페레니즈 등의 대형견은 고관절형성부전이라는 병이 많이 걸린다. 이것은 몸과 뒷발을 연결하는 고관절 부분에 변형이 오거나 그 부분이 느슨해져서 개가 자신의 체중을 지탱하기 어려워져 걷기 곤란해지는 질병이다.

이런 질병에 걸리면 운동이나 걷는 게 곤란할 뿐만 아니라 개는 너무 아픈 나머지 소극적으로 되거나, 신경질적으로 되거나, 사람을 싫어하게 되기도 한다. 그 중에는 완전히 성격이 바뀌어 공격적으로 되는 개도 있다.

둘 모두 유전적인 원인이 큰 질병이지만 소파나 침대에서 뛰어내리는 행동을 피하고 골격 성장기에 점프나 원반던지기 등의 과격한 운동을 피하면 병을 어느 정도 억제할 수 있다. 비만도 질병의 원인이므로 주의해야 한다.

● **대표적인 뼈와 관절의 질병**

질 병	증 상	원 인
탈구	관절에 붙어 있는 뼈들이 분리되어 정상적인 위치에서 어긋난 상태. 통증, 부종, 변형, 걸음걸이 이상 등이 나타난다.	교통사고나 높은 곳에서 떨어지는 사고 등으로 생긴다.
이단성골 연골증	성장기에 많이 발생. 통증, 걸음걸이 이상이 나타난다.	성장기에 관절 속 연골부분의 골화(석회가 침착하여 뼈 조직으로 됨)가 정상적으로 진행되지 못해서 생긴다.
고관절형성부전	고관절이 변형되고 통증이나 보행 이상이 나타난다. 병이 진행되면 일어날 수 없게 될 수도 있다. 증상이 나타나지 않는 개도 있다.	유전 질환의 하나이지만 특히 성장기에 비만해지거나 격한 운동으로 고관절의 뼈에 변형이나 느슨함이 생긴다.
레그 페르테스 (Leg Perthes, 대퇴골두 무혈성 괴사)	1살 이하 소형견에 많다. 통증, 뒷다리의 걸음걸이 이상이 나타난다. 진행하면 근육위축이나 대퇴골의 변형도 생긴다.	혈액순환 장애로 대퇴골두가 변형한다. 유전적 요소, 영양장애 등이 원인이다.
인대 손상	통증, 걸음걸이 이상이 나타난다.	나이가 들어가면서 인대 강도가 저하되고, 비만으로 무릎이나 팔꿈치 관절에 부담이 증가한다.
추간판 헤르니아	통증, 허리가 휘청거리는 등 걸음걸이에 이상. 배변·배뇨장애, 하반신 마비도 일어난다.	추간판 연골이 튀어나와 신경을 건드린 상태. 과격한 운동이나 노화가 원인이다.
영양성 이차성 상피소체 기능항진증	강아지에게 많은 질병. 관절이 붓고, 사지 변형, 통증, 걸음걸이 이상 등이 나타난다.	칼슘부족, 인, 단백질 과잉섭취 등 영양균형이 나쁜 식사나 햇볕을 충분히 쪼이지 못한 것이 원인이다.

꼬리는 의사를 표현하는 커뮤니케이션 도구

원래 역할은 몸의 균형 조절

개의 꼬리는 원래 몸의 균형을 조절하기 위해서 생긴 것이다.

예를 들어, 달리는 도중에 급히 방향을 전환할 때 꼬리는 이미 목적지를 향하는 상반신과 관성의 법칙에 따라 그때까지 달리던 방향으로 계속 유지되는 하반신의 균형을 잡고, 속도를 늦추거나 넘어지지 않도록 하는 역할을 한다. 또, 좁은 외나무다리를 건널 때에도 몸이 기우는 반대 방향으로 꼬리가 휘어져 재빠르게 걸을 수 있게 한다.

어미나 형제들과의 관계에서 커뮤니케이션을 배운다

그러나 평소에 바닥을 걸을 때에는 꼬리 역할이 그다지 특별한 게 없다.

그래서 개들은 꼬리를 커뮤니케이션 도구로 이용하게 되었다. 개는 말할 수 없지만 꼬리의 위치나 움직임으로 말처럼 마음을 나타낸다.

강아지가 꼬리를 흔들기 시작하는 것은 생후 6~7주. 그 후 여러 종류의 개들과 관계를 맺으면서 꼬리를 이용한 커뮤니케이션을 배워나간다.

Attention 주의

꼬리 짧은 견종은 커뮤니케이션이 어렵다?

도베르만이나 웰시 코르기 등 꼬리를 잘라야 하는 견종은 약 50종류나 있다. 원래 꼬리를 자르는 것은, 경찰견의 경우에는 침입자에게 꼬리를 잡혀 움직이지 못하게 되는 것을 막기 위해서, 사냥개의 경우에는 나무가 무성한 숲 속에서 꼬리를 다치지 않게 하기 위해서였다.

그러나 꼬리가 잘린 개는 개끼리의 커뮤니케이션을 잘 할 수 없다.

개 자신은 열심히 꼬리를 흔들어 인사한다고 생각해도 그 동작을 잘 볼 수 없기 때문에 상대 개는 「인사도 할 줄 모르는 무례한 녀석!」으로 생각하고 서로 으르렁거리는 상황이 되는 경우도 있다.

원래 경찰견, 사냥개로서 이용하거나 쇼에 출전하는 것 등을 생각하지 않는다면 꼬리를 자를 필요가 없다. 유럽에서는 이미 금지하는 방향으로 가고 있다.

:: 꼬리 위치와 움직임으로 나타내는 개의 마음 ::

꼬리의 움직임은 개의 마음을 이해하는 중요한 포인트. 꼬리 위치와 흔드는 모양으로 그때그때의 희로 애락과 의사표현을 읽을 수 있다.

[위치]

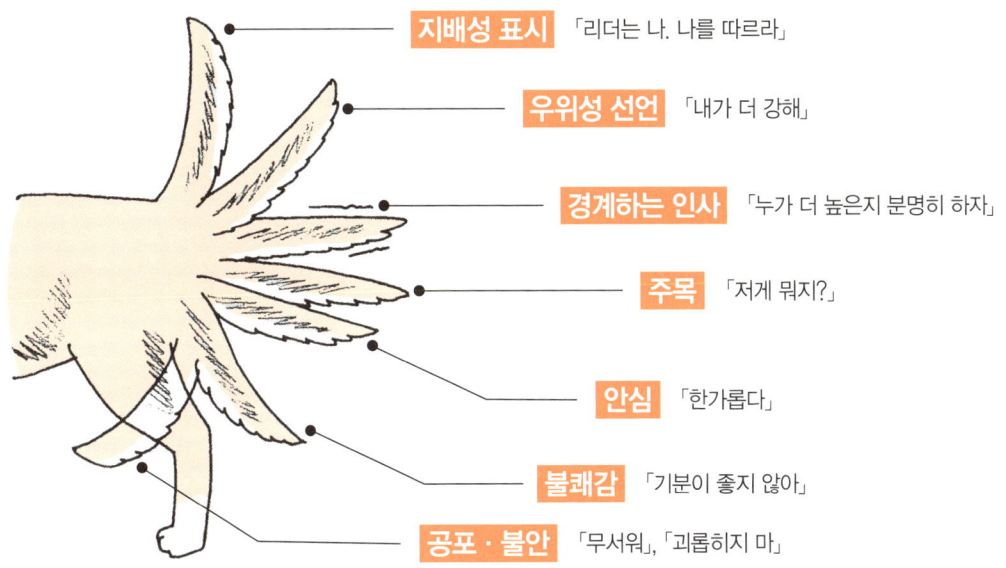

지배성 표시 「리더는 나. 나를 따르라」

우위성 선언 「내가 더 강해」

경계하는 인사 「누가 더 높은지 분명히 하자」

주목 「저게 뭐지?」

안심 「한가롭다」

불쾌감 「기분이 좋지 않아」

공포・불안 「무서워」, 「괴롭히지 마」

[움직이는 모양]

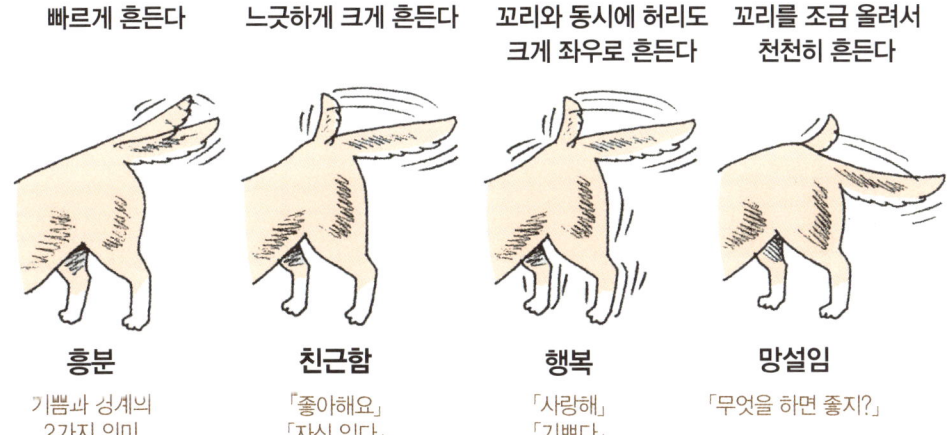

빠르게 흔든다 — **흥분** — 기쁨과 경계의 2가지 의미

느긋하게 크게 흔든다 — **친근함** — 「좋아해요」 「자신 있다」

꼬리와 동시에 허리도 크게 좌우로 흔든다 — **행복** — 「사랑해」 「기쁘다」

꼬리를 조금 올려서 천천히 흔든다 — **망설임** — 「무엇을 하면 좋지?」

신경이 집중하는 섬세한 부분

발바닥 쿠션

충격흡수와 땀 발산
발바닥 쿠션이 담당하는 중요한 역할

개의 네 발바닥에는 「발바닥 쿠션」이라 불리는 물렁물렁한 부드러운 조직이 있다. 이것은 원래 피부의 각질층이 두꺼워진 것으로, 피하조직은 일정하게 딱딱함을 유지하는 교원섬유, 신축성 있는 탄성섬유, 지방 등 3가지 조직으로 형성되어 있다.

주요 역할은 강한 탄력성을 이용한 다리와 허리의 충격 흡수. 4개의 발가락 쿠션과 발바닥 쿠션으로 나누어져 있어서 강한 힘으로 땅을 힘껏 밟아도 힘이 5방향으로 분산되기 때문에 발에 미치는 충격이 적다.

또, 발바닥 쿠션은 개의 몸에서 유일하게 땀이 나는 곳. 체온조절이 어려운 개한테는 발바닥 쿠션은 없어서는 안 될 중요한 곳이다.

발바닥 쿠션은 견종이나 털 색깔에 따라 분홍색에서 검정까지 다양한 색을 띠는데, 어릴 때 분홍색이었던 개도 성견이 되어 다양한 곳을 걷게 되면 색소 침착이 일어나 서서히 색깔이 변하고 표면도 단단해진다.

한번 상처 나면 치료하기 어려운 까다로운 부분

몸을 지탱하기 위해 항상 바닥에 접촉하고 있는 발바닥 쿠션은 이물질을 밟는다든가 여름에 뜨거운 아스팔트에 화상을 입는 등 다치기 쉬운 곳이다. 그리고 발바닥 쿠션 주변에는 많은 신경이 집중되어 있기 때문에 다치면 상당한 통증을 느낀다.

그런데 안타깝게도 이 발바닥 쿠션은 다른 피부조직만큼 재생능력을 갖추고 있지 않다. 「작은 상처니까 괜찮겠지」라고 방치하면 아무리 시간이 지나도 상처가 낫지 않는다. 상처가 났을 때는 빨리 동물병원에서 치료를 받아야 한다.

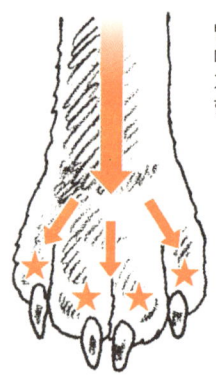

발바닥 쿠션은 걷거나 달릴 때마다 발에 미치는 충격을 4개의 발가락 쿠션과 발 중앙 쿠션 등 5방향으로 분산시켜 흡수한다.

개의 건강을 증진시키는 발바닥 쿠션 마사지

발바닥 쿠션은 건강의 기준이기도 하다. 겨울도 아닌데 표면이 꺼칠꺼칠해졌을 때에는 비타민이나 아연 등 미네랄 부족일 수 있다. 또, 발바닥 쿠션이 지나치게 연한 것도 면역계통의 질병을 의심할 수 있다.

이렇게 건강검진도 할겸 가끔은 발바닥 쿠션을 마사지해주면 좋다. 개의 발가락 끝은 많은 신경이 집중되어 있기 때문에 매우 민감해서 개가 만지는 것을 싫어하는 부분 중 하나다. 단, 발바닥 쿠션 주변에는 한의학에서 말하는 경락(급소)도 집중되어 있어 마사지 효과가 높이 기대되는 곳이기도 하다.

발가락 끝을 부드럽게 마사지하고, 발바닥 쿠션과 발바닥 쿠션 사이를 부드럽게 주물러 풀어주는 것으로 경락(급소)을 자극시켜 개의 긴장을 풀어주는 효과도 높아지고, 마사지하면서 주인과의 관계도 깊어진다.

:: 발바닥 쿠션이 상처를 입는 주요 원인 ::

[한여름 뜨겁게 달구어진 아스팔트에서 화상]   [눈이나 얼음에서 동상]   [풀, 나무조각 때문에 찢어지거나 찔린 상처]

※ 그 외, 유리조각이나 조개껍질, 바위가 많은 곳이나 자갈이 붙은 콘크리트 바닥에서 상처를 입는 경우도 있다. 야외에 나갈 때에는 시판되는 개 신발을 이용하는 것도 좋다. 야외에서 돌아오면 발바닥을 체크한다.

응급처치

만일, 발바닥 쿠션이 다쳤을 때에는 다음 순서로 응급처치하자.
① 수돗물 등 흐르는 물로 상처부위를 씻고 소독약을 바른다.
② 거즈나 헝겊으로 지혈하고, 발을 헝겊으로 감싸서 상처 부위를 보호한다.
③ 동물병원으로 데려간다.

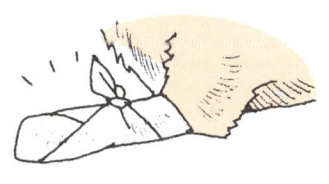

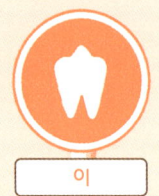

이를 가는 시기에는 이가 쑤셔서 안절부절

생후 5개월 경에는 영구치가 나온다

갓 태어난 강아지는 이가 전혀 나지 않았다. 생후 3주가 지난 후부터 이가 서서히 나기 시작하고, 생후 2개월 경에는 모두 28개의 유치가 난다.

다시 생후 3개월부터 영구치로 이갈이를 시작하여, 5개월까지 42개의 영구치가 모두 나온다.

강아지가 응석으로 깨무는 것을 그냥두면 무는 버릇이 생긴다

유치가 나오는 시기나 영구치로 이갈이를 하는 시기에는 턱 주위가 쑤셔서 강아지는 그 불쾌감 때문에 안정하지 못하고 안절부절 못한다.

그래서 쑤시고 아픈 통증을 달래기 위해서 응석으로 깨물거나 주위의 여러 물건을 갉는 행동을 한다.

강아지 때는 아직 턱의 힘이 발달하지 않았기 때문에 팔이나 손가락을 물어도 큰 상처가 나지 않는다. 그러나 그 때 응석으로 깨무는 것을 그냥 내버려두면 개는 「사람의 손은 물어도 괜찮은 것」이라고 기억하고 그대로 무는 버릇으로 굳어질 수가 있다.

강아지가 응석으로 깨물기 전에 물어도 되는 장난감을 주어 개의 불안정한 마음과 불쾌함을 풀어주도록 하자.

물어도 되는 장난감

콩 kong
뼈다귀 개껌
덴탈 코튼 dental cotten

O 소가죽이나 면, 나일론 플로스 nylon floss, 특수고무 등으로 만든 것으로, 개한테 갉기 전용 장난감을 준다.

X 플라스틱이나 아크릴수지, 세라믹가공 장난감은 지나치게 딱딱해서 이가 상하게 되는 원인이므로 피한다.

물어도 되는 것과 안 되는 것을 구별

개의 습성을 알면, 「아무거나 깨물지 말라」고 야단치는 것은 무리한 요구이다. 「갉는」 것은 개한테 정상적인 행동이다. 단, 집 안 물건을 함부로 갉지 못하도록, 물어도 되는 것과 안 되는 것을 강아지 때부터 분명히 가르치는 것이 중요하다.

물면 안 되는 중요한 물건이나 가구 등에는 개가 싫어하는 타바스코나 쓴맛이 나는 무는 버릇 방지용 스프레이 등을 발라두면 좋다.

:: 4종류 이의 역할 ::

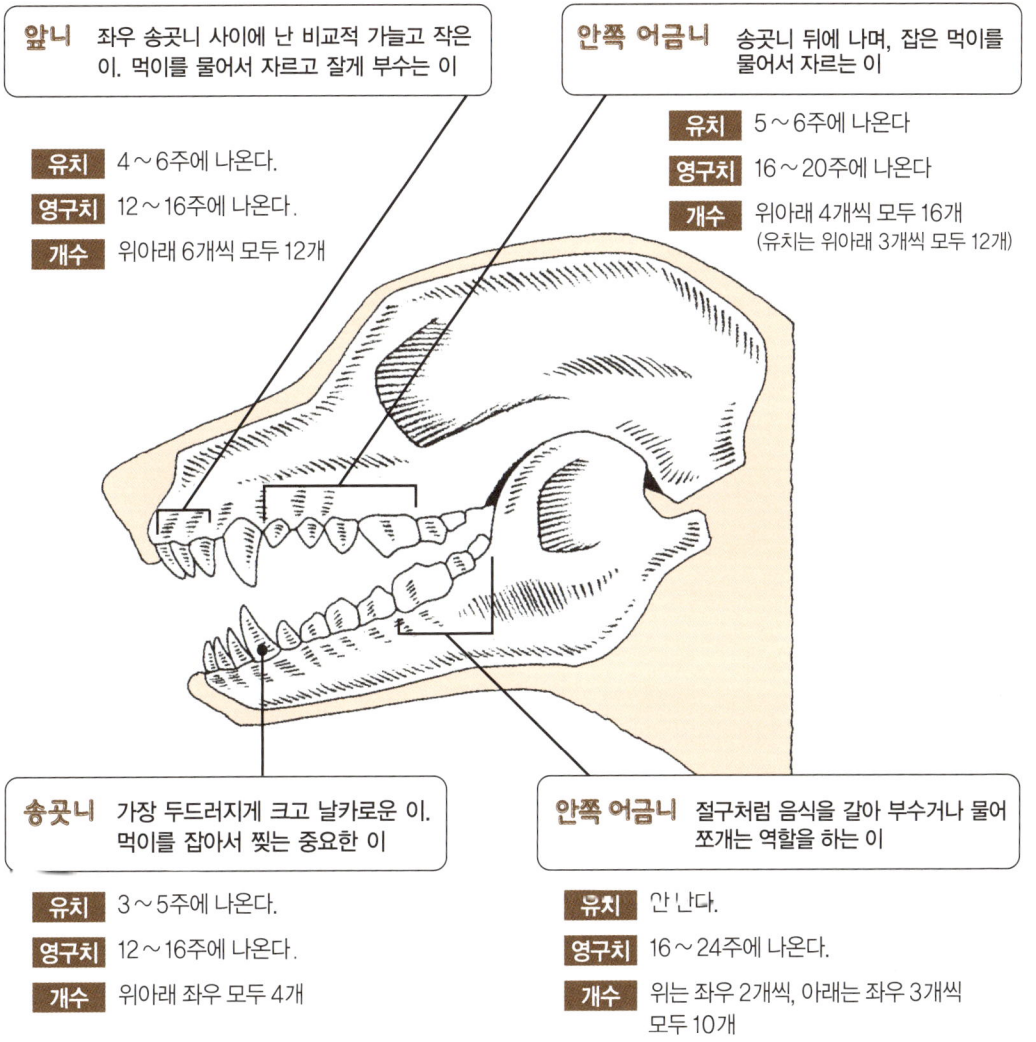

앞니 좌우 송곳니 사이에 난 비교적 가늘고 작은 이. 먹이를 물어서 자르고 잘게 부수는 이
- **유치** 4~6주에 나온다.
- **영구치** 12~16주에 나온다.
- **개수** 위아래 6개씩 모두 12개

안쪽 어금니 송곳니 뒤에 나며, 잡은 먹이를 물어서 자르는 이
- **유치** 5~6주에 나온다
- **영구치** 16~20주에 나온다
- **개수** 위아래 4개씩 모두 16개 (유치는 위아래 3개씩 모두 12개)

송곳니 가장 두드러지게 크고 날카로운 이. 먹이를 잡아서 찢는 중요한 이
- **유치** 3~5주에 나온다.
- **영구치** 12~16주에 나온다.
- **개수** 위아래 좌우 모두 4개

안쪽 어금니 절구처럼 음식을 갈아 부수거나 물어 쪼개는 역할을 하는 이
- **유치** 안 난다.
- **영구치** 16~24주에 나온다.
- **개수** 위는 좌우 2개씩, 아래는 좌우 3개씩 모두 10개

맛만 느끼는 것이 아니다
혀의 중요한 역할

「하-하-」하고 반복하는 것으로 체온을 조절

 개의 혀는 사람만큼 맛을 느낄 수 없지만, 맛을 느끼는 이상으로 체온조절이라는 중요한 역할을 한다.

 사람은 온몸 피부에 있는 땀샘에서 땀이 나와 체온을 일정하게 유지한다. 그러나 개의 몸에는 땀샘이 거의 없다. 유일하게 땀을 흘리는 곳이 발바닥 쿠션뿐이다. 그렇기 때문에 개는 혀를 내밀면서 「하-하-」하고 호흡하는 것으로 침을 증발시키고 체온을 조절한다.

 이런 행동을 「팬팅(헐떡거림)」이라 하여 많이 할 때에는 1분간 200회나 호흡하는 경우도 있다.

 땀샘이 적은 개한테 더위는 대단히 무서운 적이다. 한여름 밀폐된 실내에 내버려두거나, 한낮에 아스팔트길을 걷게 하는 것만으로도 열사병에 걸릴 수 있다. 격한 운동도 하지 않았는데 팬팅(헐떡거림)을 반복하고 있으면 체온조절이 잘 이루어지지 않고 있다는 위험신호이다.

몸을 깨끗하게 유지하고 살균효과도 있는 개의 침

 혀는 항문 부근이나 털에 묻은 오물을 핥아 없애는 등 몸을 깨끗하게 유지하는 역할도 한다. 사람의 생각으로는 「엉덩이 주위를 핥다니」하고 눈살을 찌푸리지만, 개의 침은 강한 알칼리성으로 살균력이 있기 때문에 이것은 이유 있는 행동

● **개의 체온 조절 방법**

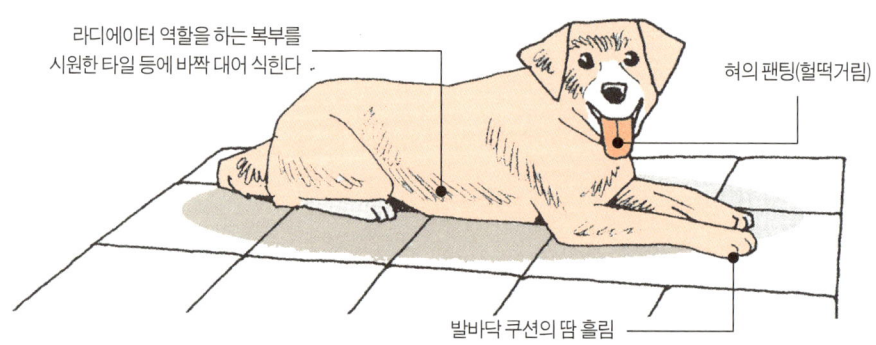

라디에이터 역할을 하는 복부를 시원한 타일 등에 바짝 대어 식힌다.

혀의 팬팅(헐떡거림)

발바닥 쿠션의 땀 흘림

이다.

단, 다쳤을 때에는 개는 필요 이상 상처를 핥기 때문에 상처 회복이 늦어지거나, 반대로 피부염을 동시에 일으킬 수도 있다. 또, 정신적인 스트레스 때문에 몸을 계속 핥는 경우도 있다. 그러므로 개가 같은 곳을 계속 핥을 때는 상처나 질병을 의심해보는 것은 물론 스트레스 받는지 개의 생활환경을 다시 한번 살펴보도록 한다.

개가 상처를 계속 핥는 것을 그만두게 하려면 엘리자베스 카라가 효과적이다.

:: 여름에는 위험이 가득 ::

한여름의 차 속은 금세 50℃를 넘는다. 체온조절이 힘든 개는 목숨을 잃는 경우도 있다.

사람보다 아스팔트에 가까이 있는 개는 사람의 몇 배나 복사열을 받는다. 특히, 검정 개는 태양열도 흡수하기 쉬워 체온이 급상승한다.

열사병에 걸렸을 때의 응급처치

- 욕조에 몸을 담가 흠뻑 적신다.
- 샤워를 시킨다.
- 물에 적신 타월을 몸에 덮는 등 어떤 방법으로든 개의 체온을 식혀주는 것이 가장 먼저 할 일. 또한, 개가 물을 마시고 싶어하면 자주 준다.

반드시 체온계로 체온을 재면서 한다. 또한, 수의사의 지시를 받으면서 할 것.

여러 종류의 개의 털

개의 원산지나 번식 목적에 따라 털의 특징도 변화

 개의 털은 장모종(긴 털 종류)과 단모종(짧은 털 종류)으로 나누어지는 것 외에도, 언더코트(잔털)가 빈틈없이 빽빽한 보온성이 높은 타입, 방수성이 높은 오버코트(표면에 난 털)만이 자라는 타입 등 다양하게 분류된다. 또, 애완 목적으로 만들어진 개 가운데는 몸의 일부에 장식털이 길게 자라는 등 독특하게 털이 나는 개도 있다.

 이처럼 다양하고 풍부한 털 종류가 생겨난 것은 각기 견종이 만들어진 원산지의 기후나 그 개가 만들어진 목적과 관계가 있다. 예를 들면, 추운 지방에서 썰매를 끌기 위해 만들어진 알래스칸 맬러뮤트는 눈보라에 몸을 보호하는 단단한 상모(표면털)와 보온성이 높은 부드러운 솜모양의 잔털이 온몸을 덮고 있다.

 한편, 원산지가 캐나다인 개를 영국에서 개량한 플랫 코티드 리트리버는 사냥꾼이 떨어뜨린 새를 물에서 회수하기 위해 만들어졌기 때문에 발수성(물을 털어내는 성질)이 중시된 상모(표면털)와 아주 짧은 잔털 밖에 갖고 있지 않다.

계절이 바뀔 때에는 털도 자연히 '옷을 바꿔 입는다'

 일반적으로 개의 털은 ① 털이 활발하게 자라는 성장기, ② 털갈이 시기, ③ 모근이 모낭 내에 머물고 있는 휴식기 등 3번의 순환과정을 반복하면서 항상 새로운 털이 자란다. 그렇기 때문에 매일 어느 정도 털이 빠지는 것은 자연스러운 일이다. 특히 봄과 가을에는 겨울털에서 여름털로, 여름털에서 겨울털로 각기 계절에 맞는 자연스런 「털갈이」를 하기 때문에 털이 많이 빠지기도 한다.

 단, 푸들이나 요크셔 테리어처럼 털갈이 시기를 갖지 않는 견종은 예외다. 아프간 하운드는 평생 1~2회의 털갈이 시기가 있다고 하는데, 언제 일어나는지 전혀 예측하지 못하는 불가사의한 습성이 있다.

장모종 중에는 눈 위를 아주 잠깐 걸은 것만으로도 온몸의 털 끝에 눈 뭉치가 주렁주렁 달리고, 몸을 가눌 수 없게 되는 개도 있다.

:: 일반적인 털 종류 ::

장모종 — 더블 코트
긴 오버코트(상모)와 빈틈없이 빽빽한 언더코트(잔털)가 자란다. 보온성이 좋다. 털이 뭉치지 않도록 브러싱과 마무리 빗질을 매일 해야 한다.

장모종 — 실키 코트
길고 매끄러운 오버코트(상모)만이 자란다. 방수성이 좋다.

골든 리트리버, 콜리, 셰틀랜드 십독, 포메라니안 등

요크셔 테리어, 말티즈, 플랫 코티드 리트리버 등

단모종
털질이 곧고 짧은 털이 온몸을 덮는다. 발수성이 좋다.

강모종 (와이어)
거칠고 단단한 털이 자란다.

달마시안, 비글, 불 테리어, 래브라도 리트리버, 시바견 등

미니어처 슈나우저, 스코티시 테리어, 에어데일 테리어 등

Attention 주의

밤늦도록 잠을 자지 않아 털갈이 시기의 사이클이 깨진다

아주 옛날, 자연에서 생활하던 개의 뇌 속에는 일조시간의 길이로 계절을 느끼는 기능이 있었다. 일반적으로는 그 기능으로 매우 자연스럽게 털갈이를 했다.

그런데 최근에는 실내에서 기르는 개 가운데 분명하게 눈에 띄는 털갈이 시기가 오지 않고, 1년 중 불쑥불쑥 털이 빠지고, 자라는 털도 겨울털인지 여름털인지 알 수 없는 개가 늘어나고 있다.

그 원인은 개가 주인의 생활에 맞추어 밤늦게까지 잠을 자지 않기 때문이다. 개의 뇌로는 자연스런 태양빛과 인공적인 빛을 구별할 수 없어서 심야까지 전등 불빛을 받고 있으면, 계절 변화를 알 수 없게 되기 때문이다.

자연스럽게 건강한 털갈이를 하기 바란다면 주인 모두가 올바른 규칙 생활을 하는 것이 제일 중요하다. 그것이 어려운 경우에는 해가 짧아지는 가을 저녁, 매일 몇십 분 동안 개를 밖에 내보내서 해가 졌다는 것을 몸으로 느끼게 해줄 것. 주금의 효과는 기대할 수 있다.

털은 몸을 보호하는 중요한 피부의 일부분

털을 깨끗이 유지하는 것이 건강의 기본

개한테 털이란 피부의 일부다. 사람의 옷처럼 몸의 건조를 막고, 외상의 위험, 병원균 침입, 세균감염, 유해한 화학물질 접촉 등 여러 가지 위험으로부터 몸을 지키는 중요한 역할을 한다.

원래 야생동물은 엉킨 털이나 쓸데없는 털을 발로 긁어 떼어내거나, 입으로 엉킨 털을 풀기도 하고, 혀로 핥아 없애서 스스로 자신의 온몸을 손질한다.

그러나 긴 세월을 지내는 동안에 조상인 늑대와는 많이 다른 털을 갖게 된 오늘날의 개들이 스스로 자신을 돌보는 것은 불가능하다.

또한, 인간사회에서 살아가기 때문에 야생에는 없는 먼지를 뒤집어쓰거나, 운동부족이나 영양불균형으로 피부 상태가 나빠지는 경우도 있다. 청결하게 건강한 털을 유지하려면 주인의 보살핌과 적절한 손질이 필요하다.

털을 손질하는 것은 겉모습만의 문제가 아니다. 사람이 매일 속옷을 갈아입어 청결을 유지하는 것처럼 개도 털을 깨끗하게 유지하는 것이 건강의 기본이다.

길게 자란 털, 더러워진 털, 뭉친 털, 빠져야 할 털이 계속 남아 있으면 피부병·벼룩·진드기 등의 기생충, 세균 번식의 온상이 된다.

털의 트러블 = 피부병 매일 그루밍으로 체크하자

동물병원을 찾는 개의 약 50%가 피부 트러블이 있을 정도로 피부병은 일반적이다. 피부병에 걸린 개는 털이 버석거리거나 끈적거리고 윤기가 없거나 탈모를 일으키기는 등 털에도 다양한 트러블이 생긴다.

p.97에 소개한 내용은 개의 대표적인 피부 트러블이다. 질병을 하루빨리 발견하려면 개의 피부나 털의 작은 변화도 놓치지 않아야 한다.

그렇게 하려면 매일 개와 접촉하고 그루밍(p.120 참고)을 거르지 않는 것이 중요하다.

또, 기생충에는 벼룩이나 개선충, 개응애 등 사람에게 감염되는 것도 있으므로 주의해야 한다.

● 중요한 피부 트러블

질병	증상	원인
탈모증	부분 탈모, 전신 탈모, 피부 변색, 악취, 가려움	내분비 장애, 알레르기, 기생충, 세균에 의한 감염증 등
지루증 (피부의 지방과다 분비)	피부가 버석거림, 피부가 끈적거림, 탈모, 악취, 가려움, 피부 건조에 의한 노화	내분비질환, 알레르기, 영양부족, 기생충, 진균(곰팡이) 감염 등
농피증	얼굴이나 겨드랑이, 발가락 사이, 허벅지 안쪽 등 고온다습한 장소에 가려움을 동반한 붉은 발진이 발생. 병의 상태가 진행하면 환부에 고름이 생기고 열이 나는 경우도 있다.	세균감염, 만성피부병, 영양부족, 약의 부작용, 면역 이상, 체질에 맞지 않는 샴푸 등
모포충증 (아카루스)	입, 눈 주위의 피부가 붉은색을 띠며, 탈모. 진행하면 여드름 증상의 농포(곪아서 고름이 찬 것), 피부 문드러짐, 화농이 일어난다. 가려움을 동반한다. 생후 4~9개월의 강아지에게 많다. 온몸 전체에 퍼지는 경우도 있다.	모포충증(모포충)의 기생. 대부분 젖을 먹이는 어미에게 감염됨. 면역 저하나 스트레스로 증세가 나타나기도 한다.
피부개선 (개선충증)	귀나 얼굴, 팔꿈치, 발뒤꿈치 등이 벌겋게 부풀어 오르고 완전히 탈모한다. 심한 가려움을 동반하고, 노화와 함께 피부에 검붉은 부스럼 딱지가 생긴다. 만성화나 사람에게 전염될 위험성이 높다.	개선충의 기생
백선 (기계충)	원형 탈모, 피부가 벌겋게 부어오름. 사람에게 전염될 위험성이 높다.	곰팡이의 일종인 백선균에 감염
벼룩 알레르기성 피부염	심한 가려움, 뻣뻣한 부스럼 딱지와 탈모가 특징. 중상인 경우에는 빈혈이 생기는 수도 있다.	벼룩의 기생
아토피성 피부염	심한 가려움. 피부가 문드러지고 건조. 만성화되기 쉽다.	집 먼지, 벼룩, 진드기, 꽃가루, 음식 등에 의한 알레르기
식물성 알레르기	심한 가려움. 발진, 탈모, 간혹 열이 나거나 설사, 구토	고기, 달걀, 우유제품, 곡물류, 첨가물 등 특정 음식물에 대한 알레르기. 알레르겐(Allergen, 원인물질)의 대부분이 단백질이다.
접촉성 알레르기	가려움, 탈모	약품이나 플라스틱, 양털, 고무, 샴푸, 나일론, 옻 등 다양한 약물에 포함된 물질에 의한 알레르기
쿠싱증후군 (부신피질기능항진증)	좌우대칭의 탈모, 과식, 과음다뇨, 피부색의 변화	부신피질호르몬의 과잉분비
갑상선 기능저하증	식욕부진, 체중증가, 피부 건조, 탈모. 진행하면 꼬리털이 거의 모두 없어지는 경우도 있다.	갑상선 위축이나 파괴, 종양 등이 원인일 수도 있다.

칼럼 Column

강아지의 사회화를 가르치는 PUPPY CLASS

● 어미견한테 배우지 못했던 개의 규칙을 배우는 기회

개 길들이기에 대해 관심이 높고, 동물병원이나 동물보호단체가 수많은 길들이기 교실을 실시하고 있는 유럽에서는, 대부분의 주인이 애견을 얼마동안 길들이기 학교에 보낸다고 한다. 그 중에서도 그들이 「중요한 학습단계」로 생각하는 것이 퍼피 클래스(Puppy Class, 강아지 교실)다.

퍼피 클래스란 글자 그대로 「강아지 교실」. 물론 수업 중에는 「앉아」, 「엎드려」 등의 기본적인 훈련도 받는다. 그러나 이 퍼피 클래스에서 가장 중요한 것은 p.64에서도 소개한 「사회화기」라고 부르는 중요한 시기에 다른 강아지나 여러 사람들과 접촉하여 누구와도 어울릴 수 있는 사회화를 몸에 익힌 개로 길들이는 것이다.

페트 숍을 통해서 가정으로 받아들이는 대부분의 개는, 개의 인사를 배우기 이전인 4~5주의 나이로 어미견과 떨어지는 경우가 많다. 즉, 이와 같은 클래스에 참가하지 않는 한 개 사회의 규칙을 익히는 기회는 그리 흔하지 않다.

● 클래스에 참가에는 백신 접종이 필요 최소 조건

퍼피 클래스의 중요성을 깨닫고 최근 한국이나 일본에서는 수의사나 애견훈련단체 등도 각지에서 강의를 실시하고 있다. 그 때 주의해야 할 것이 감염증의 위험. 성견에 비해 강아지는 면역력이 낮아 다른 개한테 전염되기 쉬운 상태이기 때문에 「제1회 백신이 끝난 후 9주가 지난 강아지」이거나 「제2회 백신이 끝난 후 12주가 지난 강아지」 등으로 참가 자격을 제한하는 것이 바람직하다.

참가를 희망하는 경우에는 단골 수의사와 상담하거나 동호회를 이용하거나 애견훈련단체에 문의한다.

강아지들끼리 놀게 해줄 뿐만 아니라 주인도 참가하는 게임 등 프로그램도 다양하고 풍부하다.

4 생활 속 행동과 심리

편히 지낼 수 있는 자신만의 공간이 필요하다

영역

개도 자신만의 공간을 원한다

사람도 개인마다 가장 편안한 장소가 있듯이, 개도 안심하고 지낼 수 있는 자신만의 장소가 필요하다. 거실 한 구석에 케이지나 개 전용 쿠션, 침대 등을 두어 공간을 만들어준다.

개한테 기분 좋고 편안한 장소는 동료인 가족들의 모습이 보이거나, 가족의 목소리가 들리는 범위 내에서 문을 열고 닫는 데 불편하지 않은 안정된 곳이다.

밖에서 기를 경우에도 가족의 목소리나 모습을 확인할 수 있는 장소여야 개의 마음을 안정시키는 데 매우 중요하다.

기본적으로는 개 스스로 선택한 마음에 드는 장소가 좋다

개는 항상 새로운 장소에 오면 집 안 냄새를 맡으면서 돌아다니다가 자신에게 편안하고 기분 좋은 장소를 찾는다.

가능하면 그 때 개 스스로 발견한 장소를 개만의 공간으로 만들어주면 좋다.

단, 예를 들어 개가 어떤 장소를 마음에 들어할 때 소파 위나 방 전체를 바라볼 수 있는 높은 장소는 피한다. 원래 높은 장소는 외부의 적으로부터 무리를 지키고, 사냥감을 보다 빨리 발견하기 위한 리더의 거처이기 때문에, 개가 「자신이 리더」라고 착각할 가능성이 있다.

강아지 때에는 서클 등으로 장소를 제한한다

아직 용변가리기가 안 되는 강아지 시기에는 집 안에 서클 등을 설치하여 개의 거처를 제한하는 것이 좋다. 어느 정도 걸어다닐 공간이 있는 서클이면 강아지도 스트레스를 받지 않고, 그 안을 자신의 장소로 받아들여서 안심하고 지낼 수 있다.

그러나 어느 정도 길들이기가 된 성견인 경우에는 서클이 아무리 넓어도 그곳에 있는 것만으로도 스트레스의 원인이 된다. 예를 들어, 래브라도 리트리버 정도의 큰 개가 갑갑하지 않게 느끼는 공간 넓이는 약 3평. 적어도 그 정도의 개가 자유로울 수 있는 공간을 만들어주어야 한다.

:: 이상적인 개의 공간은 ::

[서클]
잠자기 위한 공간과 화장실, 어느 정도 움직일 수 있는 공간의 서클은 강아지의 거처로 가장 적당하다.

[케이지]
이동용 캐리 백carry bag이나 케이지는 개인용 방으로도 활용이 가능하다. 단, 장시간 가둬두는 것은 초조함의 원인이 되므로 평소에는 문을 열어놓는다.

[전용침대·쿠션]
자신의 냄새가 나는 침대나 쿠션은 개에게 가장 안심할 수 있는 장소. 해방감도 있고, 초조함도 적어진다.

[가족을 가까이 느낄 수 있는 개집]
밖에서 기를 경우에는 가족의 목소리나 모습을 확인할 수 있는 장소가 이상적. 그렇지 못하면 개는 「동료와 멀어졌다」는 불안함을 느낀다.

✖ 피해야 할 장소

문을 열고 닫거나 사람의 출입이 많은 장소는 개도 안정하지 못한다.

소파 위처럼 높은 곳은 개의 우위성을 높이고, 언젠가 주인의 말을 듣지 않는 개가 될 수도 있다.

영역을 지키는 것은 타고난 본능의 하나

영역

「출입국 관리관」과 같은 개의 영역의식

'자신의 집을 지켜야 한다', '내 생활권을 지켜야 한다'는 영역의식. 개의 경우에 그런 영역의식이 가장 강하게 나타나는 것이 「경계선」이다. 가족 이외의 사람이 개가 생각하는 「경계선」— 예를 들어, 대문을 열고 들어올 때, 현관을 열고 안으로 들어올 때, 문을 열고 거실로 들어올 때, 자신의 침대나 서클 가까이에 다가왔을 때 등 — 경계선을 넘는 순간 개의 영역의식은 강하게 자극되어 짖거나 으르렁거리거나 때로는 공격적인 태도를 나타내기도 한다.

이미 영역 안에 들어와 편안하게 앉아 있는 손님에게는 그 정도로 적대심을 보이지는 않는다. 그러나 그 손님이 화장실에 가거나 돌아가기 위해 방의 경계선을 넘으려고 하면, 개는 「무슨 일을 당할지도 모른다」는 불안함 때문에 다시 공격적인 태도를 보이는 경우도 있다.

원래 영역의식이 강한 개는 번견(집 지키는 개)의 능력이 높은 개다. 손님에게 짖지 못하게 할 때는 엄하게 꾸짖지 말고, 손님이 방을 출입할 때만 개를 다른 방에 옮기는 방법으로 대처한다.

또, 매일 똑같은 산책길을 걸으면 개한테는 그 코스의 지역범위가 또 다른 자기만의 영역이 될 수도 있다. 산책이 단지 「순찰」이 되지 않게 하기 위해서도 코스는 적절히 변경하는 것이 좋다.

영역의식은 개에 따라 강약이 있다

이 영역의식은 지켜야만 하는 범위가 좁아질수록 강해지는 경향이 있다. 이 때문에 「마당에

자키는 장소가 좁으면 좁을수록 강한 방어본능을 나타낸다.

있는 개」라도 마당이 넓은 경우에는 그다지 지역 방어본능을 발휘하지 않는다. 반대로 마당이 좁으면 개는 열심히 그 마당을 지키려고 흥분한다.

이런 행동은,
① 영역을 유지하고 무리를 지켜야 한다.
② 자신이 안심할 수 있는 장소가 안심할 수 없게 되었다는 불안감
③ 도망갈 장소가 없는 공포감

등의 감각 때문이라고 한다.

일반적으로 이 영역의식은 암캐보다 수캐가 더 강하다고 한다. 또, 견종 차이, 혈통 차이도 크며 도베르만, 셰퍼드, 로트 와일러, 그레이트 피레니즈, 머레머 십독 등 호위견으로 활약했던 견종은 특히 강한 영역의식을 가진 개로 선택 번식되었다. 한편, 사냥을 돕던 리트리버 계통의 견종 등은 거의 영역의식이 없는 개로 선택 번식되었다.

:: 개는 영역의 「경계선」을 지키는 출입국 관리관 ::

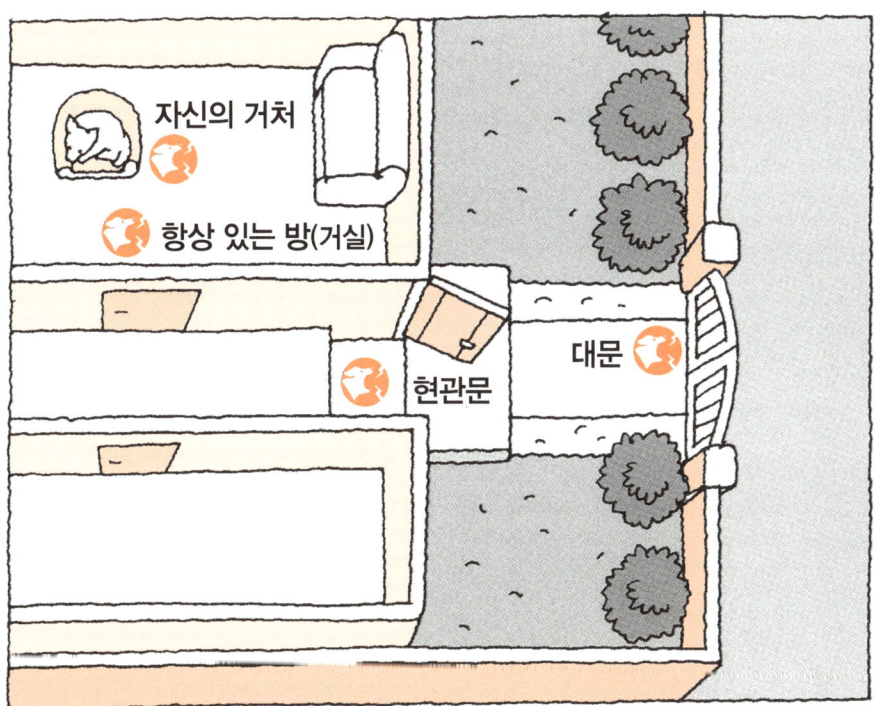

가족 이외의 사람이 개가 생각하는 「경계선」을 넘는 순간에 개의 영역의식은 자극된다. 또, 자신이 늘 있는 장소의 핵심에 가까이 다가올수록 개의 영역 방어본능과 불안감은 더 강해진다.

끝없는 식욕은 굶주림의 공포 때문에

식사에 대한 자제심은 '0' 있으면 있는 만큼 먹는다

고양이의 사냥감은 쥐 따위의 작은 동물이다. 게다가 자주 잡을 기회가 있어서 고양이에게는 굶주림에 대한 두려움이 거의 없고 배가 부르면 도중에 사냥을 그만두거나 먹이를 남기는 경우도 많다.

한편, 개의 조상인 늑대의 사냥감은 대부분 큰 짐승이다. 무리를 짓는 것도 힘을 합쳐 큰 동물을 잡기 위한 지혜였다. 그러나 큰 동물을 항상 잡을 수 있는 것도 아니고, 때로는 며칠씩 굶는 것을 각오해야 한다. 오늘날의 개한테도 그런 늑대시대의 굶주렸던 기억이 잠재되어 있다. 그런 이유로 개는 음식에 대한 자제심이 제로. 어쨌든 먹을 수 있을 때는 먹을 수 있는 만큼 먹어두는 습성이 남아 있다.

식사는 하루 2번이 기본 시간은 주인 사정에 따라 OK

미리 먹어두는 것이 가능한 개는 식사 횟수가 하루에 1번이어도 좋을까? 개는 굶주림과 배부름을 반복해왔던 늑대의 자손이므로 하루에 1번으로 필요한 영양소와 에너지를 확보할 수 있다면 기본적으로 문제는 없다.

Attention 주의

질질 끄는 식사는 건강관리의 커다란 적

개가 음식을 바로 먹지 않는다고 해서 준 대로 그대로 놓아두면 개는 「언제라도 먹을 수 있으니까, 지금 먹지 않아도 돼」라고 생각한다. 그러나 그렇게 되면 누가 식사를 주는지, 누구를 의지하며 살아가야 하는지를 개에게 인식시키는 것이 불가능하다. 또, 건강이 나빠져서 정말로 식욕이 없을 때에도 바로 눈치챌 수가 없다. 15분 정도 기다려도 먹지 않을 때에는 식사를 치우고 1~2시간 후에 다시 한번 개 앞에 식사를 내밀어 보자. 2번째도 15분 정도 기다렸다가 그래도 먹지 않으면, 또 다시 식사를 치운다.

이렇게 해서 「식사는 줄 때 외에는 먹을 수 없다」는 것을 개에게 기억시켜야 한다.

단, 이런 경우에는 혈당치가 너무 많이 오르내리기 때문에 개의 건강을 생각한다면 이상적인 식사라고 할 수 없다. 또, 공복 시간이 길면 개는 초조하여 짖는 경우도 있다.

따라서 식사는 하루에 2번이 기본이다. 나이 든 개는 3번, 소화기관이 발달하지 않은 강아지는 발달 정도에 맞추어 하루 몇 번 나누어서 식사를 준다.

식사 시간은 1살 이하, 용변가리기 훈련이 끝나지 않은 개는 체내 리듬을 만들기 위해서도 시간을 정해서 식사를 주는 것이 중요하다. 반면, 성견인 경우에는 「대개 몇 시경」으로 기준을 정해놓고 주인의 사정에 따라 조금씩 달라져도 괜찮다. 반대로 너무 정확하게 지키면 「빨리 식사 주세요!」라고 짖으면서 조르게 된다.

:: 개의 하루 식사량 계산 방법 ::

아래 계산식으로 산출한 칼로리를 나이에 따라 하루에 몇 회로 나누어준다. 단, 영양 흡수면에서 보면 각각 차이가 나므로 계산한 칼로리로도 뚱뚱해질 때에는 조금 적은 듯하게, 살이 빠질 경우에는 조금 많은 듯하게 준다. ±20%는 허용 범위다(100g당 칼로리는 개 사료 패키지에 기재되어 있다).

하루에 필요한 칼로리(kcal) = 2×{30×표준체중(kg)+70}×계수

생후 18개월, 표준체중 30kg의
래브라도 리트리버의 경우
2×{30×30+70}×1.2= 2328kcal

강아지를 5마리 기르고 있는
표준체중 8kg인 수유중인 비글의 경우
2×{30×8+70}×(1+0.25×5) = 1395kcal

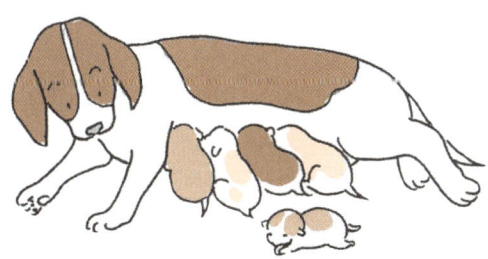

구 분		계 수
일반 소형견	0~3개월	2
	3~6개월	1.6
	6~12개월	1.2
일반 중형견 대형견	0~3개월	2
	3~9개월	1.6
	9~24개월	1.2
출산 3주 전부터의 어미		1.1~1.3
수유기의 어미		1+0.25×새끼수
나이 든 개		0.8
다이어트하는 개		0.6
그 외		1

식사의 주도권을 잡는 것이 주인의 리더십 UP!

식사

식사는 주인이 주는 것으로 개에게 인식시킨다

길들이기 책에는 「늑대 무리에서는 리더가 먼저 먹는다. 그러므로 개를 키울 때도 개보다 주인이 먼저 식사하지 않으면 리더십을 잡을 수 없다」고 쓰여져 있기도 하다.

분명히 무리의 멤버가 전부 어른이고, 식사가 모두에게 충분하며, 먹이에 대한 위기감이 없다면 리더가 먼저 먹는 경우도 있을 것이다. 그러나 그 무리에 새끼가 있으면 우선 처음에는 새끼들을 먼저 먹일 것이다. 그것은 인간의 가정과 같다.

즉, 늑대의 리더는 먹이를 관리할 권리를 갖고 있다. 바꿔 말하면, 먹이를 잡았을 때 무리의 멤버 중 누가 먼저 먹는가를 결정하는 권리이다.

그러므로 주인과 개의 식사를 생각할 때도 먹는 순서에는 그다지 의미가 없다. 그것보다 주인이 주도권을 잡고 식사를 주는가가 문제다.

예를 들면, 그릇에 언제나 건식사료가 들어 있거나 개의 재촉에 응해서 식사를 주면 개는 「식사를 주는 것은 주인이다」라는 의식이 점점 없어져서 주인의 주도권도 약해진다.

주인은 당당하게 식사한다
개는 그 전에도 그 후에도 상관없다

식사를 주는 방법과 동시에 주인의 식사 방법도 리더십에 영향을 준다. p.46에서 소개한 대로

서둘러서 황급히 먹는 것은 서열이 낮은 자의 행동. 개가 재촉해도 주인은 자기 속도대로 식사를 계속한다.

개는 평소의 작은 행동에서 가족 중 누가 리더십을 장악하고 있는지를 관찰한다.

그런 개의 눈에 황급하게 식사하고 있는 모습은 어떻게 보일까? 늑대 무리에서 허둥대며 먹는 것은 겁쟁이로 서열 최하위의 늑대다.

즉, 「개보다 먼저 식사하지 않으면 리더십을 잡을 수 없다」고 생각하여, 식사를 허둥대며 빨리 먹는 것은 완전히 역효과를 나타낸다.

주인은 느긋하게 천천히 자신의 식사를 즐기자. 개에게 식사를 주는 것은 「대개 몇 시경」이라는 기준만 정해져 있으면 주인보다 먼저 주어도 나중에 주어도 상관없다.

:: 식사를 재촉하며 짖을 때 대응방법 ::

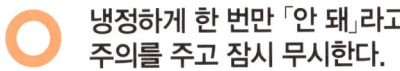 **냉정하게 한 번만 「안 돼」라고 주의를 주고 잠시 무시한다.**

조용히 안정된 목소리로 한 번만 「안 돼」하고 주의를 준 다음에는 개를 무시하고 자신의 일을 계속한다. 개가 짖는 것을 그만두고 진정된 후에 「앉아」, 「기다려」 등을 지시하고, 그 포상으로 식사를 준다.

 곧바로 식사를 준다.

 「안 돼, 안 돼, 안 돼」라고 큰 소리로 야단친다.

먹고 싶을 때 식사를 주면, 식사의 주도권이 개한테 옮겨져서 점점 더 재촉하게 된다.

식사를 주진 않지만 주인이 반응을 보이므로 개는 짖는 것을 그만두지 않는다.

너무 기다려진다! 즐거운 산책

산책과 운동

산책만으로는 운동부족을 해결할 수 없다

「산책은 개의 운동부족을 해결하기 위해서」라고 생각하는 사람이 많다. 하지만 평소에 하는 산책 정도로는 개의 운동욕구를 거의 충족시킬 수 없다.

치와와 등 애완용으로 개량된 견종은 그다지 운동량이 필요하지 않지만, 원래 사냥개나 양치기 개로 활약하던 견종은 상당한 운동량이 필요하다. 예를 들어, 조렵견으로 개량되었던 래브라도 리트리버는 하루에 약 13km의 운동량이 필요한데, 이것을 산책만으로 충족시키려면 하루에 3시간 15분(시속 4km)이나 산책해야 한다. 그러나 이것은 현실로는 곤란한 것이 사실이다.

운동량이 많은 견종의 경우에는 때로는 자전거로 개와 나란히 달리거나, 도그런Dog Run 등으로 맘껏 놀게 하는 등 보통 산책 외에도 가능한 운동할 기회를 많이 만들어준다.

●견종에 따른 필요 운동량

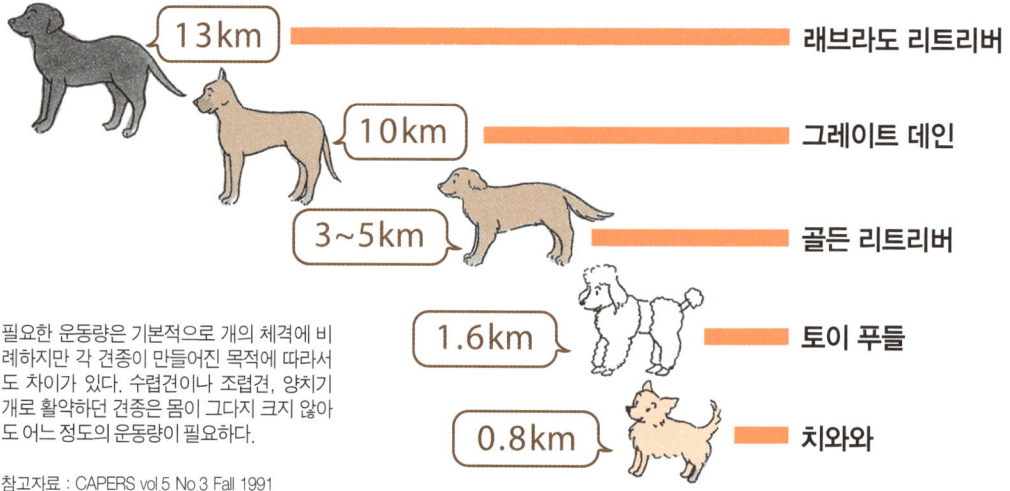

필요한 운동량은 기본적으로 개의 체격에 비례하지만 각 견종이 만들어진 목적에 따라서도 차이가 있다. 수렵견이나 조렵견, 양치기 개로 활약하던 견종은 몸이 그다지 크지 않아도 어느 정도의 운동량이 필요하다.

참고자료 : CAPERS vol.5 No.3 Fall 1991

산책에는 다양한 의미가 있다

산책에는 운동 이외에도 여러 의미가 있다.

우선, 규칙 바르고 건강한 생활을 위해서다. 매일 적당하게 운동하면 식사나 배설, 수면 등에 리듬이 생겨 개는 정신적으로 안정된 하루하루를 보낼 수 있다.

둘째로는, 계속적인 사회화를 위해서다. 가족 이외의 다른 사람이나 다른 개를 만나게 되면 개는 사람과의 규칙, 개끼리의 규칙을 날마다 재확인하여 누구와도 친해질 수 있도록 사회에 적응하는 개로 키울 수 있다.

세 번째는, 주인과의 커뮤니케이션을 위해서다. 물론 집 안에서도 커뮤니케이션은 할 수 있지만 함께 걷거나 「앉아」, 「기다려」 등의 지시에 따르고, 운동장에서 함께 운동하다 보면 더 깊은 관계가 될 수 있다.

네 번째는, 적당한 자극을 얻기 위해서다. 다른 개의 냄새, 거리의 소음, 새나 곤충의 움직임 등 모든 것이 개의 뇌를 자극하여 마음의 건강을 유지하는 데 도움을 줄 수 있다.

운동량의 많고 적음에 상관없이 대부분의 개한테 산책은 최대의 즐거움이며 빼놓을 수 없는 일상이다. 사랑하는 주인과 함께 외출하여 적당히 운동하고, 친구도 만나고, 정보교환도 하며, 바깥 세계의 다양한 자극을 받기도 하는 ── 개한테 산책은 즐거움 그 자체이다.

● 산책 목적은 개 연령에 따라 다르다

강아지에게 중요한 것은 「사회화」 	산책의 첫째 목적은 자신이 살고 있는 거리나 사회에 익숙해지는 것. 익숙하지 않은 목줄과 리드줄, 낯선 사람과 다른 개, 자동차, 공원의 흙이나 물웅덩이 등 처음하는 산책은 강아지에게 「무서운 것」일 뿐이다. 그러므로 산책에 익숙해질 때까지는 코스도 갑자기 바꾸지 않고 「산책은 즐겁다」, 「바깥 세상도 집 안처럼 안전하다」고 생각할 수 있게 습관들이는 것이 중요하다. 「첫 번째 산책」은 백신접종이 끝난 생후 3개월 후부터 한다.
성견에게는 운동과 기분전환을 	적당한 운동은 몸은 물론 마음의 건강을 위해서도 중요한 요소. 생활 리듬이 생겨 활기찬 매일을 보낼 수 있다. 가능하면 산책이 개한테 단지 영역 순찰로 끝나지 않도록, 또한 다양한 자극을 받을 수 있도록 때에 따라서는 산책코스를 바꾸기도 한다. 단, 무서움을 많이 타는 개는 코스가 바뀌면 불안해져서 산책이 싫어지므로 개의 성격을 관찰하는 것도 중요하다.
나이 많은 개는 「외부 세계의 자극」으로 노화 예방	개도 나이가 들면 운동 욕구가 감퇴하고, 장시간 산책할 필요가 없어진다. 나이 든 개의 산책 목적은 바깥세상에서 자극을 받아 노화를 예방하는 것. 다른 개의 냄새를 맡거나, 바람을 몸으로 느끼는 것이 시각이나 청각능력의 저하를 억제하는 것으로도 이어진다. 시간과 거리는 개의 체력에 맞게 한다. 노화에 함께 오는 긴절통 등으로 걷는 것을 싫어하는 개는 정원이나 공원의 흙 위에 앉게 해주는 것만으로도 어느 정도 자극이 된다.

산책과 운동

근력 향상과 노화 예방도 매일 매일 운동으로

여러 가지 운동을 조합한 변화 있는 풍부한 산책 프로그램

매일하는 산책이 같은 코스, 같은 내용으로 하는 산책이라면 개의 몸과 마음에 주는 자극도 반으로 줄어든다. 단순하게 걷는 것만이 아니라 변화를 주는 프로그램으로 산책하는 방법을 권장한다. 예를 들어,
① 다양한 냄새를 맡으면서 천천히 걷는다.
② 달리기를 한다.
③ 공원이나 넓은 장소에서 공놀이(안전한 장소에서 한다)를 한다.
④ 비탈길을 오르내린다.
⑤ 물놀이(수영)를 한다.
⑥ 「앉아」, 「기다려」, 「엎드려」 등의 길들이기를 훈련한다.
⑦ 회전경기 slalom나 장애물 점프 등의 장애물 통과경기 Agility를 연습한다.
⑧ 사이좋은 개와 만나는 시간을 갖는다.
등 몸과 머리를 사용한 다양한 운동을 5~10분 정도 간격을 두고 구성한다.

특히 비탈길 오르기는 발목 근육이 향상되고, 회전경기는 등 근육의 유연성을 유지시켜 노화 예방에도 효과적이다. 수영은 고관절에 문제가 있는 개도 무리없이 할 수 있는 운동으로 권장할 만하다.

심한 운동 전에는 워밍업도 잊지 말자

단, 여러 가지 운동을 구성할 때는 사람의 스포츠처럼 개의 운동에도 워밍업(준비운동)과 쿨 다운(정리운동)이 꼭 필요하다. 자동차로 넓은 들이나 강변 모래밭에 나가 갑자기 공을 던져 전력질주를 시키는 것은 개의 몸 상태가 아직 준비되지 않은 상태에서는 근육이나 뼈, 관절 등에 큰 부담을 주게 된다.

운동 전에는 스트레칭으로 근육이나 신경을 풀어주고, 가벼운 조깅으로 혈관을 팽창시켜, 산소 섭취량을 상승시킨다.

또, 개는 공이나 원반 등의 움직이는 장난감을 매우 좋아하지만, 고관절이나 팔꿈치에 문제가 있는 개는 이런 놀이 중에 허리가 비틀어지거나 발이 미끄러져서 다치는 경우가 있으므로 주의해야 한다.

공놀이나 원반으로 놀지 않는 개에게는 던져도 구르지 않는 장난감이나 끌어당기기 놀이에 사용하는 면 로프 등으로 「가져와」를 시키면 어느 정도 운동욕구를 충족할 수 있다.

운동 전 워밍 업 Warming-up

[주인이 개의 근육을 풀어주기 위해 마사지를 해준다]

방법 양손을 사용하여 ①~⑥까지 순서대로 전신을 가볍게 마사지한다.

① 몸통
② 코 끝에서 꼬리 끝까지
③ 개의 옆얼굴부터 가슴, 앞발까지
④ 앞발의 양면을 위에서 아래로
⑤ 가슴에서 복부 양면까지를 위에서 아래로
⑥ 뒷발 양면을 위에서 아래로

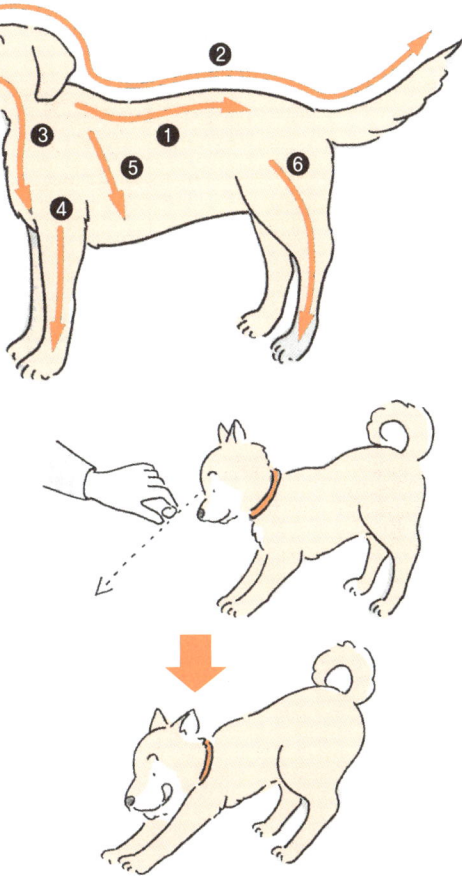

[개에게「기지개」자세를 시킨다]

케이지 등에서 나올 때 개가 자주 하는 자세. 허리는 높은 위치 그대로인 상태에서 앞발을 스트레칭한다.

방법 개가 보통 서있는 상태에서 코 끝에 음식을 가져간 다음, 그 음식을 비스듬히 아래(코 끝에서 바닥을 향해 45도 각도)로 유도한다. 이렇게 하면 자연스럽게 펴는 자세가 된다. 이럴 때「스트레칭」또는「인사」라고 지시한다. 몇 번 반복하면 다음에는 지시만으로도 펴는 자세를 하게 된다.

운동 후 쿨 다운 Cool-down

[약 5분간 천천히 걷게 한다]

팽창한 혈류량이 증가한 혈관을 따뜻하게 원상태로 돌린다.

참고자료 : 『PEAK PERFORMANCE Coaching the Canine Athlete』 M.Chiristine Zink DVM, PhD

외출할 수 없을 때에는 두뇌를 사용하는 놀이에 도전

산책을 나갈 수 없다는 것은 개에게 커다란 스트레스

기본적으로 산책은 매일 해야 한다. 가능하면 아침, 저녁 2회 이상하는 것이 이상적이다. 그러나 비가 오는 등 날씨 때문에 밖에 나갈 수 없거나, 병을 앓은 후에 개의 면역력이 떨어져 있을 때에는 외출하지 않는 것이 좋다.

그러나 개는 그런 사정을 모른다. 「항상 늘 그렇듯이 산책 갈 시간인데 왜 오늘은 데려가지 않지?」라고 생각하면서 몸도 마음도 스트레스를 받는다. 특히 실내를 돌아다니는 것만으로는 필요한 운동량의 몇 분의 1도 안 되는 대형견은 상당한 스트레스를 받게 된다.

'산책하고 싶다', '운동하고 싶다'는 개의 기분을 100% 대신할 수는 없지만 실내에서도 놀 수 있는 방법을 연구하여 개의 운동욕구를 어느 정도 만족시킬 수는 있다.

개가 집중할 수 있는 실내 놀이

산책할 수 없을 때에는 실내에서 개의 두뇌를 이용하는 놀이를 시키자.

가장 간단한 것은 콩kong, 트리트 큐브treat cube, 트리트 볼treat ball 등 「머리가 좋아지는 장난감」을 이용한 놀이다. 개는 장난감 속에 감추어진 음식을 꺼내려고 1시간, 2시간 장난감하고 씨름한다.

개가 혼자서 놀 수 있는 「머리가 좋아지는 장난감」은 집을 비우고 개 혼자 집을 보게 할 때도 이용 가치가 크다. 개에게 스트레스를 주지 않고 혼자 있는 외로움 때문에 장난치는 것도 잊게 하는 최선의 도구라고 할 수 있다.

그 밖에 실내에서 할 수 있는 놀이는 손바닥에 감춘 간식 맞추기 놀이, 술래잡기(p.71 참고) 등이 있다.

게다가 이미 익힌 「앉아」, 「기다려」, 「이리 와」 「엎드려」 등을 무작위로 반복하는 복종 트레이닝이나 새로운 지시어 교육도 머리를 이용한 놀이라고 할 수 있다.

어떻게든 몸을 움직이고 싶어하는 개에게는 바닥에 러그(바닥깔개) 등을 깔고, 발목 부담을 줄인 상태에서 공이나 장난감을 굴려서 「가져와」를 시켜도 좋다.

:: 머리가 좋아지는 장난감 사용 방법 ::

[콩]

❶ 콩kong을 반나절 정도 개 음식 봉지 속에 넣어두어 냄새를 배게 한다. 개는 음식물 냄새에 끌려 장시간 깨물거나 핥기 때문에 작업욕구가 충족된다.

❷ 구멍에 습식사료를 넣어 냉동고에서 얼린다. 음식이 녹을 때까지 계속 핥아야 하기 때문에 작업욕구가 충족된다.

❸ 부드러운 육포 등을 말아서 구멍에 넣는다. 육포가 밖으로 나오기까지 혀를 사용해야 하므로 작업욕구가 충족된다.

❹ 불규칙하게 구르는 콩kong을 그대로 준다. 단단한 재료인 콩을 물어서 「무엇인가를 깨물어 갖고 싶다」는 욕구가 충족된다.

[트리트 큐브]

장난감을 굴려 그 속에 들어있는 건식사료나 간식을 구멍에서 꺼낸다. 앞발이나 코를 잘 사용하여 어떻게 굴리면 간식이 나오는지를 학습한다. 구멍을 조절하여 난이도를 바꾸는 것도 가능하다. 단, 정육면체이기 때문에 굴릴 때마다 큰 소리가 난다. 다가구 주택에 살거나 소리에 민감한 개에게는 적당하지 않다.

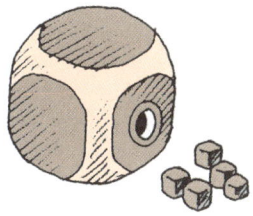

[트리트 볼]

공 모양이므로 굴릴 때 소리도 나지 않고, 다가구 주택에서도 사용할 수 있다. 단, 베스타드 큐브에 비해 조금 부서지기 쉽다.

Attention
주의

규칙적인 생활은 중요하지만, 산책 시간은 정하지 말자

규칙적인 생활은 사람에게나 개에게나 모두 건강한 생활의 기본이다. 그러나 산책 시간만은 정확하게 정해놓지 않는 것이 좋다.

예를 들어, 한 여름 한낮의 강렬한 태양으로 뜨거워진 아스팔트는 저녁 5시경이라도 식지 않는다. 개의 발바닥 쿠션은 이곳을 걸으면 다치기 쉬워 화상을 입는 경우도 있다. 또, 개의 키는 대형견이라도 바닥에서 1m, 소형견은 30cm 정도밖에 떨어져 있지 않다. 바닥에서 올라오는 복사열은 키 160cm 정도의 사람이 느끼는 이상으로 강렬하다. 산책시간을 저녁에서 밤으로 선선해진 다음으로 바꾸는 것이 좋다.

반대로 한겨울 이른 아침이나 한밤중 심야 산책은 추위 때문에 개도 몸을 움츠리기 때문에 충분한 운동효과를 얻을 수 없다. 주인의 라이프 스타일에 따라서 산책하지만 따스한 한낮에 하는 것이 몸도 풀리고, 육체적 정신적으로도 즐거운 산책이 될 것이다.

또한, 시간을 정해 놓으면 산책을 조르면서 개가 짖는 원인도 된다.

소변을 보는 것은 기분 좋은 일

개한테 잠자리 외에는 모든 장소가 화장실

야생 늑대는 외부의 적으로부터 표적이 되는 것을 피하기 위해 굴 속에 최대한 자신의 냄새가 남지 않도록 세심한 주의를 한다. 배뇨·배변도 굴 속에서는 하지 않는다. 어미가 갓 태어난 새끼의 하복부를 핥아 오줌이나 똥을 먹어치우는 것도 그 때문이라고 보고 있다.

개에게도 그 습성이 남아 있기 때문에 자신의 잠자리는 더럽히지 않는다. 그러나 반대로 생각하면 개한테는 자신의 잠자리 외에는 모든 곳이 화장실인 셈이다.

그것을 인간의 상황에 맞추어 정해진 장소에서만 배뇨·배변을 하게 하려는 것이기 때문에, 개가 소변을 보았다고 해서 나무랄 수는 없다. 그러나 확실히 길들이면 개는 화장실 장소를 이해하게 된다.

강아지는 소변을 자주 본다 규칙적으로 화장실에 데려가자

용변가리기 길들이기는 강아지를 데려온 첫날부터 가르쳐야 한다. 강아지는 소변이 마려우면 바닥 등의 냄새를 맡기 시작하고 안절부절 못한다. 빙빙 그 자리에서 돌기 시작하는 경우도 많다. 그리고 「여기라면 안심」이라고 생각한 장소를 발견하면 엉덩이를 내리고 배뇨를 시작한다. 배뇨 자세는 개가 가장 무방비가 되는 상태다. 그렇기 때문에 개는 안심할 수 있는 장소가 아닌 곳에서는 배변이 불가능하다.

강아지일 때는 자주 배설하기 때문에 처음에는 주인이 정기적(1~2시간 간격)으로 화장실에 데려가야 한다. 그 밖에,
① 자고 일어났을 때
② 식사 후
③ 물을 마신 후
④ 놀이를 한 후(운동을 한 후)
⑤ 냄새를 맡기 시작했을 때
도 소변 누는 시간이므로 화장실에 데려간다.

또한, 성견이 되면 배설 횟수가 적어져서 하루에 3, 4회 정도 볼 일을 본다.

용변가리기는 칭찬으로 습관들이자 야단쳐도 의미가 없다

화장실에 데려갈 때 주인은 당황하지 않고 소란피우지 않는 것이 중요하다. 큰 소리를 내면 강아지가 놀라서 소변을 못 본다.

화장실에서 배뇨가 끝나면 부드러운 목소리로

「아이, 착하네」라고 칭찬하면서 화장실에서 데리고 나온다.

본래 소변이란 뱃속이 상쾌해져서 기분이 좋아진다. 게다가 올바른 장소에서 소변을 보면 주인에게 칭찬받고 함께 놀아주니까 강아지는 자연스럽게 「화장실에서 소변 보는 것은 기분이 좋고, 즐거운 일이다」고 생각하게 된다.

만약 개가 실패해도 결코 소동을 피우거나 야단치지 말자. 소동을 피우면 개는 마음을 써 준다고 착각하여 오히려 주인이 기뻐한다고 생각하고 화장실이 아닌 장소에서 소변을 보게 된다. 또, 야단맞으면 개는 배설 자체가 나쁜 것이라고 기억하고 숨어서 소변을 보는 경우도 있다.

:: 용변가리기를 실패할 때 대응방법 ::

○ 강아지를 케이지나 서클에 들여보내고 조용히 뒤처리를 한다.

말도 걸어주지 않고 놀아주지도 않아요. 소용없으니 이제 안 할 거야.

강아지 마음

✗ 「으악! 오줌, 오줌」하고 소란을 피운다.

발을 동동 구르며 관심을 가져주네. 이제부터 자주 해야지.

✗ 개를 야단친다.

소변보는 것은 나쁜 짓이구나. 참을 수 없을 때는 아무도 안 보는 곳에서 해야지.

마킹marking은 정보를 교환하는 중요한 일

다른 개의 냄새가 나는 장소에는 철저하게 마킹

산책을 나가면 개는 전봇대나 나무, 담, 표시가 되는 바위 등 산책코스의 포인트마다 조금씩 소변을 누면서 걷는다. 이 행동을 마킹marking이라고 하며, 다른 개에게 「내가 여기에 왔다」, 「여기는 나의 영역이기도 하다」는 명함 교환과도 같은 의미다.

개가 특히 마킹하고 싶어하는 곳은 다른 개의 냄새가 남아 있는 장소. 동물의 소변이나 땀에 포함된 지방산을 잘 맡도록 후각이 발달한 개는, 개의 소변 냄새를 구별하여 「여기는 ○○와 ○○ 군이 왔었구나. 내 냄새도 남겨두자」라고 냄새로 커뮤니케이션을 하는 것이다.

한쪽 발을 들고 소변 보는 것은 자신을 「강하다」고 생각하는 개

마킹 행동은 드물게 암캐가 하는 경우도 볼 수 있지만, 주로 수캐 그것도 거세하지 않은 수캐가 많이 한다.

대부분의 수캐는 한쪽 발을 들고 소변을 보지만, 계급의식이 강한 개나 자신의 서열이 상위라고 생각하는 개일수록 높은 위치에서 소변을 보려고 한다. 이것은 늑대의 습성에서부터 내려온

● 개의 성격을 나타내는 소변 자세

거꾸로 서서 소변 보는 개는 기가 세다.

앉아서 소변 보는 수캐는 부드러운 (복종적인) 성격이다.

한쪽 발을 들고 소변 보는 암캐는 수캐만큼 기가 세다.

것이다. 사실 늑대는 암캐라도 계급이 높은 늑대만이 발을 들어서 소변을 보기 때문이다.

그 때문일까 수캐라도 복종심이 강한 개나 겁많은 개는 암캐처럼 엉덩이를 내리고 소변을 본다. 반대로 암캐라도 자신의 서열이 상위라고 느끼는 개, 기가 센 개는 수캐처럼 한쪽 발을 들고 소변을 본다.

또, 때로는 마킹을 다하지 못했는데 소변이 안 나오는 경우도 있다. 그 때 기가 센 개가 멀리 있는 다른 개를 발견하면 소변이 한 방울도 나오지 않아도 발을 드높이 든 자세를 계속 취한 채 자신의 우위성을 과시하는 경우도 있다.

:: 개가 마킹하고 싶어하는 장소 ::

마킹은 개의 본능이지만 공중위생상이나 길들이는 측면에서도 개가 하고 싶은 대로 하게 내버려두는 것은 문제가 있다. 마킹해도 좋은 곳과 해서는 안 되는 장소는 주인이 판단하여 배설하면 안 되는 장소에서는 산책하면서 멈추지 않도록 한다.

[아파트에 사는 개의 경우]

A 엘리베이터 문 옆
B 아파트의 현관 앞 복도벽
C 아파트의 건물 현관 옆
D 아파트 건물을 나와 정면에 있는 전봇대

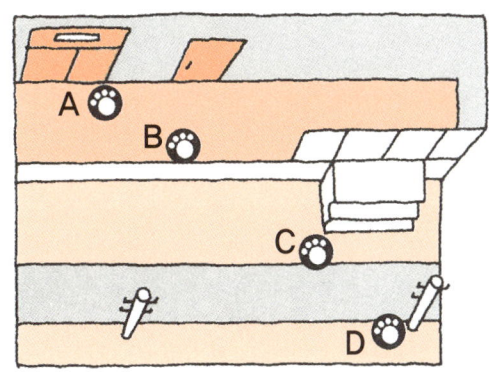

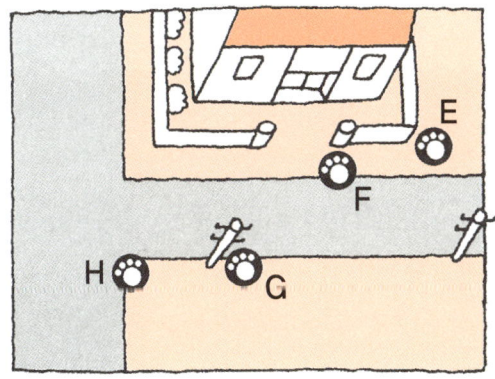

[단독주택에서 사는 개의 경우]

E 집 담장 모퉁이
F 내분 기둥
G 대문 맞은 편 길 건너에 있는 담장이나 전봇대
H 큰 도로나 하천 등 영역을 구분하는 모퉁이

개가 안심하고 잘 수 있는 것은 주인의 보호가 있기 때문

수면

기르는 동물은 야생 동물보다 오래 산다

동물원에서 사육되는 늑대와 야생 늑대를 비교했을 때 분명하게 다른 점이 수명이다. 수명은 안정된 식생활과 수의사에 의한 건강관리 등으로 영향을 크게 받지만, 외부의 적에 두려워할 일도 없고, 매일 숙면할 수 있는 상황이 사육되는 늑대가 오래 사는 이유 중 하나라고 할 수 있다.

일반적으로 개의 수면시간은 하루에 12~15시간이고, 남은 시간의 반은 서서, 반은 앉거나 엎드려서 지낸다.

자유롭게 행동할 수 있는 개는 오전 중에 가장 활발하게 돌아다니는데 음식을 찾거나 마킹 행동을 하지만, 애완견으로 기르는 개는 주인 생활에 맞추어 아침형 개부터 저녁형 개까지 그 리듬이 다양하다. 대부분의 개는 주인의 귀가 후에 같이 놀기 위해서 주인이 외출했을 때 혼자 집에 있으면서 충분히 자는 경우가 많다.

● **안심하고 있는 개는 이런 모습으로 잔다**

확실한 리더에게 보호받아 지켜주고 있다는 느낌을 받는 개는 현재의 상황에 전혀 불안함을 느끼지 않기 때문에 배를 들어내거나 몸을 편 채 무방비 상태로 잔다.

수면의 20%는 램수면 RAM sleep
그 때 개도 꿈꾼다

개의 수면시간 중 약 80%는 몸도 뇌도 자고 있는 논램Non RAM 수면상태. 이 논램 수면상태는 몸을 만지거나 소리가 나면 바로 눈을 뜨는 상태이다.

남은 20%는 작은 소리에는 일어나지 않는 램수면(RAM sleep, 숙면) 상태이다. 이 사이에 뇌의 일부분은 활발하게 활동하는데, 남은 정보를 제거하거나 뇌 속의 신경전달물질을 보급하는 등의 활동을 한다.

이 램수면 상태에서는 사람처럼 개도 꿈을 꾼다고 한다. 자고 있는 개가 갑자기 발버둥치는 것은 램수면 상태에 들어가 있다는 증거. 어쩌면 꿈 속에서 사냥감을 몰고 있거나 초원을 뛰어다니고 있을지도 모른다.

:: 개의 활동유형 실험 ::

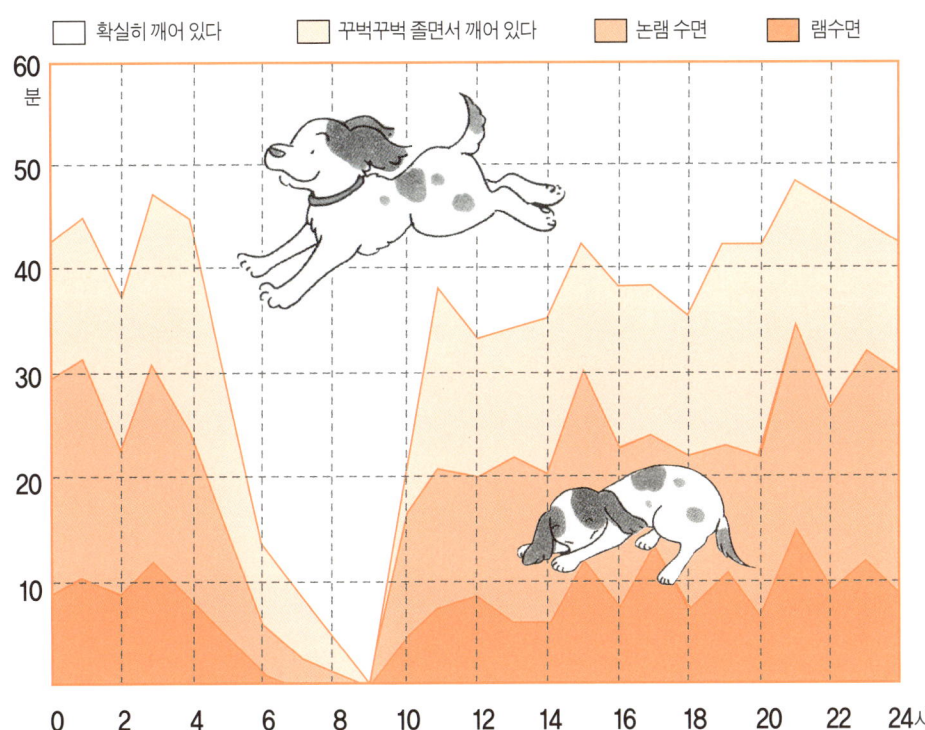

일반적으로 기르는 개의 활동시간은 각각 주인의 생활 리듬에 크게 영향을 받지만, 위의 그래프는 그와 같은 영향을 받지 않는 실험실 케이지 속에 있는 여러 마리의 개를 대상으로 개가 본래 갖는 활동시간, 수면시간을 조사한 것. 실험 중에는 오전 7시 ~ 오후 7시까지 불을 켜놓고, 그 이외의 시간에는 불을 꺼놓았다. 그래프는 각 수면의 유형과 깨어 있는 시간의 평균을 나타낸다. 이 조사를 통해 자연스런 상태에 있는 개는 오전 5시 ~ 10시경이 가장 활동적이고, 오후 8시 ~ 오전 4시경에 대부분 수면을 취한다는 사실을 알 수 있다.

참고자료 : 『Domestic Animal Behavior』 Katherine Albro Houpt V.M.D.Ph.D / IOWA STATE UNIVERSITY PRESS

그루밍

매일 브러싱을 하여 개와 커뮤니케이션을 하자

여러 가지 효과가 있는 브러싱

브러싱brushing은 개의 그루밍(grooming, 몸 손질)의 기본으로,
① 몸에 붙어 있는 먼지를 털어낸다.
② 빠진 털을 제거한다.
③ 털의 뭉침을 막는다.
④ 피부의 신진대사를 촉진하고 털의 재생을 활성화한다.
⑤ 피부병을 예방한다.
⑥ 기생충을 제거한다.
⑦ 마사지 효과로 피부나 근육의 혈액순환을 좋게 한다.
⑧ 개와 주인과의 스킨십과 커뮤니케이션
⑨ 건강을 체크할 수 있다.
등 여러 가지 역할이 있다.

특히 ⑨의 건강 체크는 중요하다. 만졌을 때 아파하는 곳은 없는지, 탈모는 없는지, 몸이 뜨거운지 등의 작은 변화도 놓치지 않도록 한다.

브러싱을 싫어하는 개는 서서히 익숙해지도록 하자

브러싱의 순서는 목부터 등, 꼬리의 순서로 털의 결에 따라서 위에서부터 순서대로 한다. 개에 따라서는 목이나 등쪽을 브러싱할 때는 얌전하지만 민감한 복부나 꼬리는 싫어하는 경우도 있다. 그럴 때는 무리해서 하지 말고 개가 브러싱을 싫어하지 않도록 짧은 시간 조금씩 나누어 브러싱하여 조금씩 익숙해지도록 길들인다.

원래 사랑하는 주인이 몸을 안고 빗질해주는 것은 개한테도 기분 좋은 일이다. 매일 계속해서 하면 개도 점차 익숙해져서 브러싱을 허락하는 부위도 넓어질 것이다.

봄과 가을 털갈이 시기에는 특히 정성어린 털 손질이 필요하다.

:: 털 종류별 손질 도구 ::

[짧은 털의 소형견]
미니어처 닥스훈트
치와와
시바견
퍼그 등

피부에 적당한 자극을 주는 고무 브러시 등으로 빠진 털을 제거한다.

소형 브러시로 온몸을 브러싱한다. 강아지는 부드러운 돼지털로 만든 것이 좋다.

[짧은 털의 중·대형견]
래브라도 리트리버
웰시 코르기
저먼 셰퍼드 등

고무 브러시나 고무돌기가 달린 그루밍 장갑이나 꼭 짠 젖은 타월로 온몸에 빠진 털을 제거한다.

소형 브러시로 온몸을 브러싱. 강아지는 부드러운 돼지털로 만든 것이 좋다.

[긴 털의 소형견]
시추
요크셔 테리어
말티즈 등

뭉쳤거나 뒤얽혀 있는 털을 풀어주는 브러싱 스프레이를 사용한다.

쿠션 있는 핀 브러시로 온몸을 브러싱한다.

마무리 빗으로 장식털을 정리한다.
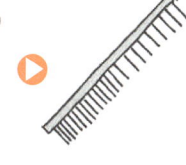

[긴 털의 중·대형견]
골든 리트리버
셰틀랜드 십독
아이리시 세터 등

쿠션 있는 핀 브러시로 온몸을 브러싱한다.

마무리 빗으로 장식털을 정리한다.

Attention 주의

슬리커 브러시는 사용할 때 주의가 필요

한 번에 넓은 면적을 브러싱할 수 있는 슬리커 브러시를 매일 손질할 때 이용하는 사람이 많다. 그러나 날카로운 철제 제품의 이 브러시는 조금이라도 거칠게 사용하면 개의 털이나 피부가 다치므로 털갈이 시기에 많은 양의 털이 빠질 때를 제외하고는 자주 이용하는 것은 피하고, 바른 사용법을 배우는 것이 좋다.

몸을 깨끗이 하는 기분 좋은 샴푸

그루밍

목욕을 싫어하는 것도, 너무 자주하는 것도 피부병의 원인이 된다

샴푸는 몸의 더러움과 냄새를 없애고, 털의 아름다움을 유지할 뿐 아니라, 기생충 제거와 피부병도 예방한다.

하루의 대부분을 실내에서 보내는 개, 밖에서 지내는 개, 산에 가거나 물놀이를 좋아하는 개 등 각각 개의 라이프 스타일에 따라 다르지만 기본적으로 샴푸는 1달에 1~2회 정도가 기본이다.

샴푸를 지나치게 하면 세균으로부터 피부를 보호하는 피지가 너무 떨어져 버리고, 반대로 샴푸를 게을리 하면 피지가 지나치게 분비되어 거기에 먼지나 세균이 번식한다. 어느 쪽이든 피부병의 원인이 되므로 샴푸는 적당한 피지와 청결한 털을 유지하도록 알맞은 간격으로 하는 것이 중요하다.

또, 개와 사람은 피부의 PH(산성도)가 틀리므로, 샴푸 제품은 반드시 개전용으로 사용해야 한다. 아름답고 건강한 피부와 털을 유지하기 위해서는 저자극성인 냄새가 강하지 않은 제품을 선택하는 것이 가장 좋다.

샴푸 전에 브러싱하는 것은 필수

샴푸 전에 반드시 해야 하는 것이 브러싱이다. 빠진 털이나 뭉친 털을 풀어주고, 더러움과 비듬을 브러싱으로 어느 정도 제거한다. 뭉친 털을 남겨둔 채 샴푸하면 물을 빨아드린 털 뭉치가 한층 더 커지기 때문에 털을 풀 때 어려워진다. 무리하게 풀려고 하면 개가 고통을 느끼게 된다.

샴푸 후에는 젖은 털을 그대로 두지 말고 확실하게 말려야 한다. 개의 체온이 37~38도이기 때문에 적당한 습기가 있으면 곰팡이나 세균, 진균이 번식하기 쉽다.

샴푸도 드라이도 강아지 때부터 습관들이면 대부분의 개는 「1달에 1~2회 전례행사」로 받아들이게 된다. 그러나 아무리 노력해도 싫어하는 개는 무리하게 집에서 목욕시키지 말고 애견미용 전문가에게 맡기는 편이 좋다.

또한, 목욕은 개의 체력이 상당히 소모되기 때문에 몸 상태가 나쁠 때에는 피한다. 임신 후기에도 그다지 권장하지 않는다.

:: 샴푸 순서 ::

 [샴푸 준비]

브러싱으로 빠진 털과 뭉친 털을 풀어준다. 브러싱이 끝나면 타월과 드라이 등 샴푸에 필요한 것을 모두 준비해 놓는다.

 [온몸을 적신다]

발 밑이 미끄러지지 않도록 고무판 등을 깔고 온몸에 물을 적신다. 감기에 걸리지 않도록 35~38℃의 따뜻한 물을 사용한다.

 [헹군다]

샴푸가 남지 않도록 충분히 물로 씻는다. 만일 샴푸가 남아 있으면 습진의 원인이 된다.

 [샴푸]

목부터 아래로 샴푸를 바르고 충분히 거품을 내서 손가락 안쪽으로 마사지하듯이 잘 닦는다. 머리 부위는 눈이나 귀에 샴푸가 들어가지 않도록 주의하면서 빠르게 닦는다. 발바닥 쿠션 사이도 잊지 말고 씻는다.

 [타월로 말리기]

목욕타월이나 흡수력이 강한 타월 등을 사용하여 물기를 충분히 닦아낸다. 귓속도 부드럽게 닦는다.

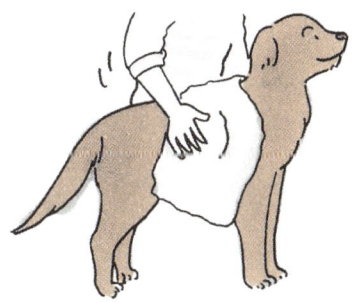

 **[드라이어로 완전히 말린다]**

드라이어는 개의 몸에서 40cm 정도 떨어뜨려서 말린다. 빗으로 털을 빗기면서 밑에서부터 완전히 말려나간다. 겨드랑이 밑, 허벅지, 항문 주변, 발가락 사이 등은 특히 정성들여 말린다.

발톱, 이, 귀 손질도 건강을 위해 잊지 말자

그루밍

현대의 운동 부족인 개는 정기적인 발톱 깎기가 필요

밖에서 마음대로 뛰어 돌아다니는 개의 발톱은 자연스럽게 마모된다. 그러나 오늘날의 개는 거의 대부분이 운동부족이다. 그대로 두면 발톱도 계속 자라기 때문에 정기적으로 주인이 잘라 주어야 한다.

발톱이 자란 채 그대로 두면 발톱 속 혈관과 신경도 함께 자라서 나중에 깎으려고 하면 피가 나와 개한테 아픈 기억을 심어주게 된다.

또, 발톱이 자라면 걸을 때마다 발에 통증이 오고, 안쪽으로 구부러진 발톱 때문에 발바닥 쿠션이 다칠 수도 있다.

건강한 이는, 건강한 생활과 장수하기 위한 조건

어느 보고서에 의하면 3살 이상인 개의 85% 이상이 치주병에 걸려 있다고 한다. 원인은 이 사이에 남은 음식찌꺼기가 치구나 치석으로 변하여 잇몸에 염증을 일으키기 때문이다. 개의 침은 알칼리성이기 때문에 사람보다도 치석이 붙기 쉽다고 한다.

예방법으로는 어릴 때부터 양치질하는 습관을 들이는 것이다. 강아지 때부터 습관들여 놓으면 칫솔로 양치질하는 것을 싫어하지 않는 개도 많다. 또, 치약을 쓰고 싶을 때에는 반드시 개 전용을 사용한다. 개의 이는 사람보다 에나멜질이 얇기 때문에 사람이 쓰는 치약을 사용하면 이에 상

Attention 주의

발톱이 마모되는 모습으로 알 수 있는 개의 질병

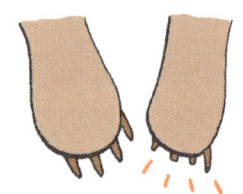

건강한 개는 운동하면 네 발에 나온 16개의 발톱 모두가 균등하게 마모된다. 그런데 발톱이 달아서 없어지는 것을 체크하면 오른쪽 앞발 발톱만이 마모되지 않았거나, 왼쪽 뒷발 발톱만이 비스듬히 마모되어 있는 등 확실한 차이가 나타나는 경우가 있다.
그것은 개가 어느쪽 발만을 감싸고 있거나 다쳤다는 증거다. 또, 고관절형성부전이나 주이형성(팔꿈치 이상) 등의 무서운 질병일 가능성도 있다. 만일, 발톱이 마모되는 모습이 분명하게 차이가 날 때는 수의사와 상담하는 게 좋다.

처가 난다.

또, 원반놀이를 자주 하는 개는 원반 자체나 원반에 붙은 모래가 연마제 역할을 하기 때문에 이에 상처가 나는 경우가 많다. 원반은 항상 모래를 털어서 사용하고 거칠거나 더러우면 새 것으로 교환한다.

귀가 더러우면 가려워 잠을 못 자기도

원래 개의 귀는 건조한 상태로 때와 눅진눅진한 것이 없어야 정상이다. 조금이라도 귀지가 쌓여 있으면 세균에 감염될 위험이 있다. 또, 귀개선충에 감염되면 개는 가려워서 밤새 잠을 잘 수 없을 정도로 고통스러워한다.

[발톱 손질]

횟수 2주에 1번 정도

방법 신경과 혈관이 통하고 있는 내부의 분홍색 부분에서 몇 mm 앞부분을 자른다.

주의 앞발 발끝보다 조금 위에 늑대발톱이 남아 있는 경우에는 그것도 잊지 말고 자른다.

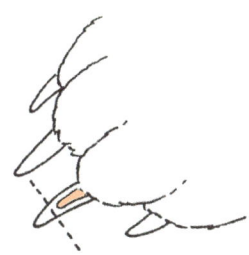

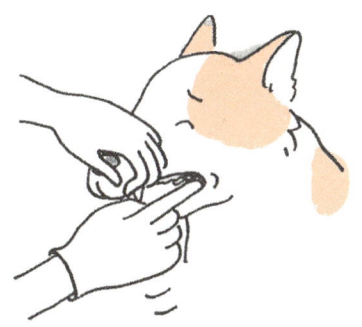

이 닦기를 싫어하는 개는 이 닦기에 효과적인 효소가 발라져 있는 소가죽 껌을 이용하면 편리하다.

[이 손질]

횟수 매일 ~ 격일

방법 식후에 손가락에 거즈를 말거나 거즈로 된 장갑을 끼고 이에 낀 음식찌꺼기를 부드럽게 닦아낸다. 개가 싫어하지 않으면 칫솔을 사용해도 좋다. 그 때 개 전용 또는 유아용의 부드러운 칫솔을 사용한다.

주의 앞어금니(p.91 참고)는 침샘의 구개부에 가까워 가장 치석이 붙기 쉬우므로 특히 정성들여 닦는다.

[귀 손질]

횟수 2주에 1번 정도

방법 손가락에 탈지면이나 거즈를 말아서 안쪽에서 귀 끝 방향으로 부드럽게 닦는다.

주의 귓속에 면봉을 넣으면 고막을 다칠 위험이 있으므로 면봉은 사용하지 않는 것이 좋다. 귀지가 보이면 동물병원에 간다.

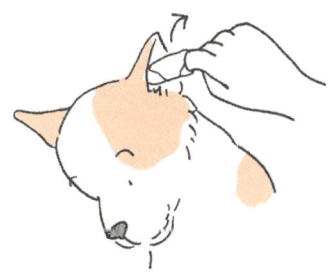

※ 통풍이 잘 안 되는 늘어진 귀를 가진 견종은 특히 정성들여 귀 손질을 할 것.

성 행동

암캐가 주도권을 잡는 개의 연애

발정기를 맞은 암캐의 몸과 마음의 변화

암캐는 소형견이면 생후 7~10개월에, 중·대형견이면 8~12개월에 처음 시작하는 발정기를 맞이한다. 발정기가 온 암캐는 외음부가 부풀고 출혈이 2~3주간 계속되며 소변 횟수가 늘어난다. 또, 안정을 잃거나 공격적으로 되어 다른 암캐와 싸움을 하는 등 정신적인 변화가 나타나기도 한다.

암캐의 발정기는 년 2회(바센지 등 특수 견종은 년 1회), 약 6개월 주기로 찾아온다. 개는 사람과 달라서 출혈한 후에 배란하므로 임신 가능성이 가장 높을 때는 출혈 후 10일에서 2주 사이다.

개의 임신에도 적령기가 있다

암캐는 신체적으로 첫 번째 발정기부터 임신

●암캐 발정기의 메커니즘

이 가능하다.

그러나 생후 7~12개월이면 사람의 나이로 10~18살. 신체적으로도 성장 중에 있고, 정신적으로도 어린 티가 남아 있는 나이다. 또, 첫 번째 출혈은 순조롭지 못한 경우가 많고, 첫 번째 발정기가 끝나고 바로 두 번째 발정기가 시작하는 경우도 있다.

실제로 모체가 성숙하고 건강한 강아지를 낳으려면 생후 2년까지 기다리는 것이 바람직하다고 한다.

암캐가 마음에 들 때까지 수캐는 계속 가만히

한편, 수캐는 생후 11개월 정도에 성적 성숙을 마치지만 특정한 발정기가 없다. 수캐는 발정기를 맞이한 암캐의 소변 속에 포함된 페로몬(화학 물질) 냄새에 자극되어 암캐를 쫓아간다.

대부분의 동물이 그렇듯이 교미를 결정하는 것은 항상 암캐다. 암캐는 발정 초기부터 페로몬으로 수캐를 계속 유혹하지만 실제로 수캐를 받아들이는 것은 발정기가 시작하고 며칠 후 배란이 가까워졌을 때부터다.

그렇기 때문에 아직 암캐가 준비되지 않은 동안에 달아오른 수캐가 위에 올라타려고 해도 털썩 엉덩이를 내려서 앉아버리거나 공격적인 태도로 매정하게 쫓아버리는 것이 고작이다. 배란이 가까워져 몸과 마음이 모두 준비되었으면 암캐는 구애하는 수많은 수캐 중에서 마음에 드는 상대를 선택하고 수캐 앞에 엉덩이를 보이고 마운트를 유도한다. 교미가 성공하면 약 60일 후에 강아지가 태어난다.

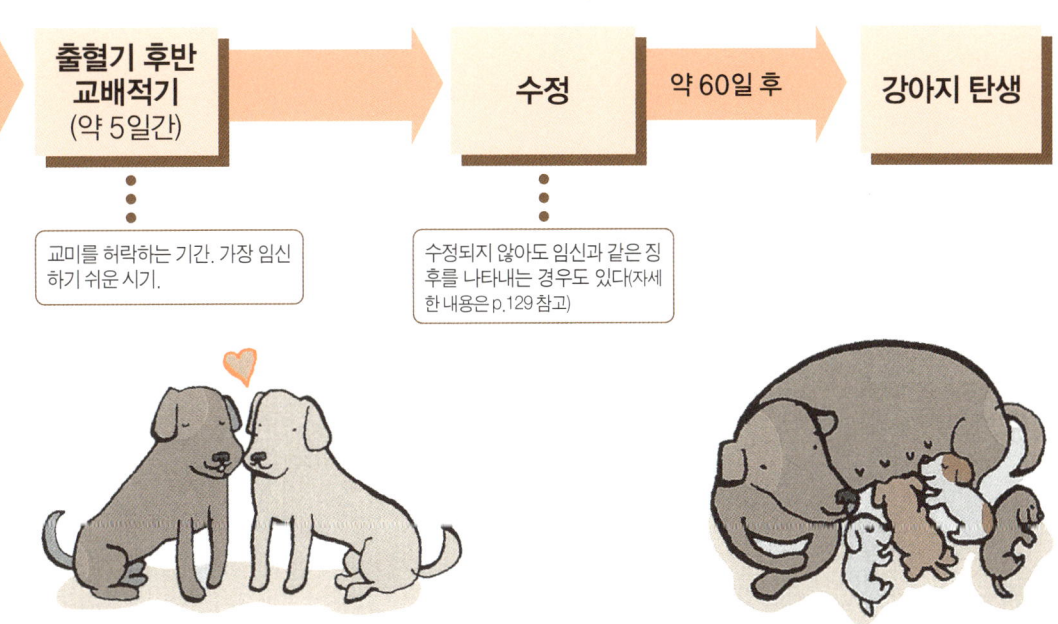

출혈기 후반 교배적기 (약 5일간) → 수정 → 약 60일 후 → 강아지 탄생

교미를 허락하는 기간. 가장 임신하기 쉬운 시기.

수정되지 않아도 임신과 같은 징후를 나타내는 경우도 있다(자세한 내용은 p.129 참고)

PART 4 • 생활 속 행동과 심리

성행동

거세·피임 수술의 필요성을 생각해본다

원하지 않는 임신을 피하기 위해

거세수술이란 수캐의 고환을 적출하는 것이고, 피임수술이란 암캐의 좌우 난소와 자궁을 적출하는 것을 가리킨다. 개의 거세·피임수술에 대해서는 주인에 따라 혹은 수의사에 따라서도 의견이 나뉘어진다. 수술 여부의 판단은 주인에게 맡겨져 있다.

「개는 자연 그대로가 제일 좋고, 거세나 피임수술을 하는 것은 불쌍하다」고 생각하는 사람이나, 애견의 몸에 칼을 대는 것에 항의하는 사람도 있을 것이다.

그러나 지금 기르고 있는 개의 수보다 더 많이 키울 수 있는 여력이 없고 강아지를 데려갈 사람도 없거나, 또한 함부로 하는 마킹 때문에 곤란을 느낀다면 주인과 개 양쪽을 위해서 거세·피임수술을 시키는 것도 하나의 방법이 될 수 있다.

수술은 전신마취를 하므로 고통은 없다. 입원기간은 병원에 따라 다르지만 암캐의 경우 1~2일, 수캐의 경우는 그 날로 퇴원할 수 있는 경우가 많다.

 [거세수술의 장점]

- 특정 질병(정소종양, 전립선 비대, 항문 주위 선종, 회음헤르니아 등)을 예방할 수 있다.
- 발정기에 동반하는 스트레스가 줄어든다.
- 다른 개에 대한 공격성과 지배성의 원인이 되는 문제가 억제된다.
- 영역의식이 약해져서 무질서한 마킹행동이 줄어든다.
- 사람이나 사물에 대한 마운트가 감소한다.
- 암캐를 찾아다니는 방랑, 탈주가 적어진다.
- 암캐에 흥미가 없어져서 훈련 집중력이 향상된다.

 [피임수술의 장점]

- 특정 질병(유선종양, 유방암, 난소종양, 자궁축농증 등)을 예방할 수 있다.
- 발정기나 피임기간에 동반하는 스트레스가 줄어든다.
- 발정기나 피임기간에 특별하게 나타나는 높은 공격성이 감소한다.

★ 수캐·암캐 모두 훈련 성능과 사냥 본능에는 커다란 변화가 없다.

거세·피임수술의 여러 가지 장점

거세·피임수술은 원하지 않는 임신을 막고, 불행한 강아지를 더 이상 만들지 않을 뿐더러, 정소종양이나 자궁축농증 등 몇몇 중대한 질병을 예방한다. 수캐의 경우에는 무질서한 마킹과 공격행동 등 일반적으로「문제행동」이라 불리는 행동을 억제할 수 있다. 이것은 수캐의 경우에는 거세됨으로써 계급의식이 약해지기 때문이라고 한다.

또한, 수캐의 경우에 성적욕구에서 오는 스트레스가 줄어들고, 암캐의 경우도 발정기와 상상임신 기간(아래 주의 참고)에 함께 오는 스트레스에서 해방된다는 장점이 있다.

또, 미국의 어느 연구에서는 거세·피임수술을 한 그룹이 수술 받지 않은 그룹보다 수명이 약 2.5년 길어졌다는 보고도 있다.

수술 후에는 식사량에 신경 쓴다

거세·피임수술의 단점으로「수술 후 개가 살찐다」는 점이지만 그것은 틀린 말이다.

거세한 수캐는 예전처럼 체내에 정자를 만들거나 다른 수캐와의 상하관계를 신경쓸 필요가 없어진다. 한편, 피임수술을 받은 암캐도 발정기의 스트레스에서 해방된다.

즉, 거세·피임수술을 받은 개들은 기초적인 소비 칼로리가 예전보다 적어진다. 수술 후에 개가 살찌는 것은 이 사실을 모르는 주인이 수술 전과 같은 식사량을 주기 때문이다. 수술 때문에 일어난 체질변화가 아니라 사실은 지나친 칼로리 섭취가 원인인 것이다.

Attention 주의

암캐의 상상임신

발정기가 끝난 뒤 약 2개월간 교미조차 하지 않았는데 마치 임신한 어미견처럼 배가 불러오고 유선조직이 발달하여 젖꼭지가 부풀고, 모유가 나오며, 새끼 낳을 장소를 마련하거나, 장난감을 새끼처럼 보호하는 행동 등이 나타나는 암캐가 있다. 그것을 상상임신이라고 한다.

개는 다른 동물에 비해 상상임신이 가장 많은 동물이라고 한다. 그 원인은 발정기간 뒤에 호르몬 변화가 임신하거나 하지 않아도 거의 변하지 않기 때문이다. 이 현상은 한번도 임신한 적이 없는 암캐한테도 일어난다. 또한, 한번 상상임신을 경험한 개는 발정기 때마다 상상임신을 반복하는 경향이 있다.

단, 상상임신은 아무리 기다려도 태반이 생기지 않는다. 몸이 그 착각을 깨달은 시점부터 임신 징후는 사라지기 시작하므로 특별히 걱정할 필요는 없다.

개는 스트레스를 받기 쉬운 섬세한 동물

개의 생활에는 스트레스 원인이 가득

개가 감정 있는 고등동물이라는 것은 지금까지 설명하였다. 그런 이유로 개는 매일 생활하면서 사람처럼 스트레스를 받으면서 살아간다.

「덥다」, 「시끄럽다」, 「먹고 싶다」 등의 욕구가 충족되지 않을 때, 타고난 사냥본능을 충분히 발휘할 수 없을 때, 주인이 관심을 가져주지 않을 때의 외로움, 질병이나 상처에 의한 육체적 고통 등 개의 스트레스 원인은 여러 가지다.

개도 사람도 스트레스의 원인을 완전히 없앨 수는 없다. 애초부터 사람을 포함한 동물은 어느 정도의 스트레스는 견뎌낼 수 있는 능력을 갖고 있다. 문제는 스트레스가 장기화되는 것. 스트레스 상태가 오래 지속되면 마침내 그 능력도 말을 안 듣고 몸과 마음의 균형이 깨져버린다.

스트레스를 느끼는 개한테는 다양한 징후가 나타난다. 이에 대해서는 p.132에서 자세히 설명하겠지만 주인은 애견의 스트레스를 빨리 알아차려서 조금이라도 스트레스를 적게 받는 환경을 만들어주어야 한다.

Attention 주의

큰 재난으로 스트레스에 시달리는 동물들

1995년 일본 한신·아와지 대지진, 2000년 3월 홋카이도·우스 산의 분화, 같은 2000년 8월 미야케 섬의 분화 등 최근 큰 재해에서는 사람과 함께 많은 동물들도 재해를 입었다.

특히 섬 전체에 피난 지시가 내려진 미야케 섬에서는 개, 고양이, 토끼, 닭 등 모두 256마리의 동물이 동경 시내에 있는 124개의 동물병원에 보호·수용되었다.

보호된 개·고양이의 대부분은 처음부터 식욕부진, 구토, 설사 등의 증상이 있었고, 화산재의 영향 때문인지 기침과 재채기, 눈의 이상으로 고통받는 동물도 있었다. 또, 아주 작은 소리에도 무서워하거나 사람이 자리에 없으면 계속 울거나, 케이지에 몸을 계속 부딪치는 등의 정신이상 행동도 보였다.

그런 개·고양이가 가장 안정을 찾았던 것은 주인이 면회를 왔을 때라고 한다. 「큰 재난에 따른 주거환경의 급격한 변화」라는 물리적인 스트레스도 그것을 해소시켜주는 것은 역시 주인의 애정 밖에 없었다.

스트레스 때문에 오는 여러 가지 몸과 마음의 변화

빨리 알아차리자! 이것이 스트레스의 신호

스트레스를 받고 있는 개는 동공이 확대되고, 눈 사이와 입 가장자리에 주름이 생기며, 마구 몸을 세게 긁는 등 다양한 증세가 나타난다. 예를 들어, 용변가리기를 익혔는데도 실수하고, 지나치게 응석을 부리는 것도 스트레스 신호의 하나. 또, 스트레스가 만성화되면 같은 곳을 빙빙 돌거나 자신의 꼬리를 좇아 도는 등 「상동행동(같은 행동을 반복하는 것)」이 나타나기도 한다.

처음에는 스트레스나 불안함 때문에 시작한 상동행동도 점차 그 상동행동 자체가 버릇이 되고, 마침내는 그 행동을 하지 않으면 불안해지는 강박신경증이 되어 버린다.

스트레스의 원인을 제거 충분한 운동과 애정을 쏟는다

만성적인 스트레스는 여러 가지 질병의 원인이 된다. 특히 긴장을 잘하는 개는 스트레스에 약해 식욕부진이나 궤양성 대장염(만성설사)에 걸리는 경우도 있다. 또, 스트레스가 쌓이면 전반적인 면역기능이 떨어지기 때문에 컨디션이 쉽게 나빠지고 설사하기도 한다.

스트레스 신호를 알아차리면,
① 개가 질병이나 상처를 입고 있지 않은가?
② 개의 주거환경은 좋은가?
이 두 가지를 체크하여 스트레스의 원인을 제거해야 한다.

정신적인 스트레스의 대부분은 운동 부족과 애정 부족이 원인이다. 마음껏 운동을 시켜서 남아도는 에너지를 발산시켜주고, 부드럽게 말을 걸어주며, 개의 몸을 마사지(p.184 참고)해주는 등 개의 욕구를 충족시켜준다.

평소에 운동시간과 접촉하는 시간을 늘려 애완견에게 스트레스가 쌓이지 않도록 노력하자.

:: 스트레스 신호 ::

- 동공이 열린다.
- 눈 사이, 입 가장자리의 피부에 주름이 생긴다.
- 입을 크게 벌리고, 입 가장자리가 뒤로 늘어진다.
- 혀가 마르고 두꺼워진다.
- 귀가 뒤로 처진다.
- 눈에 흰자위가 보인다.
- 하품한다.
- 페니스가 나온다(발기한다).
- 몸을 낮춘다.
- 발바닥에 땀이 난다.
- 꼬리가 늘어진다.
- 주인을 피한다.
- 자신의 입 주변을 핥는다.
- 깜빡거린다.
- 주인에게 지나친 응석을 부린다.
- 화장실 길들이기가 끝났는데도 실패한다.
- 공격적으로 된다.
- 상동행동을 한다(아래그림 참고).

몸이 긴장해서 뻣뻣해진다.

천천히 팬팅(헉헉거린다, p.92 참고).

몸을 세게 긁는다.

[개한테 자주 나타나는 상동행동]
상동행동 : 똑같은 동작이나 말 따위를 계속해서 반복하는 정신질환의 한 증상

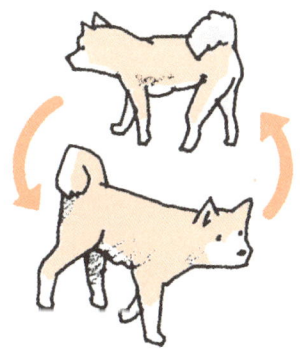

같은 장소를 빙빙 돈다.

끝없이 마당에 구멍을 파는 행동을 반복한다.

몸의 일부(특히 앞발)를 피부염이 생길 때까지 계속 핥는다.

개는 참을성이 강한 동물 작은 변화도 놓치지 말자

질병

평소의 건강 체크는 주인의 몫이다

사람의 질병과 마찬가지로 어떤 질병도 조기 발견이 조기완치의 기본이다. 그러나 개는 원래 통증에 대해서 참을성이 강해서 몸 상태가 나빠도 투정부리지 않고 가만히 참는 경우가 많다. 그렇기 때문에 병을 늦게 발견하여 손쓸 수 없는 경우도 있다.

개의 질병을 치료하는 것은 수의사이지만 평소의 생활에서 몸 상태의 미묘한 변화를 처음 알아낼 수 있는 것은 주인이다. 매일 식사, 산책, 놀이, 브러싱이나 마사지 등으로 접촉하면서 애견의 작은 변화도 놓치지 않도록 하자. 그것이 건강을 유지하기 위한 중요한 포인트다.

안쪽 허벅지에 있는 대퇴동맥을 만지면 심장 맥박수, 부정맥 체크도 가능하다. 혈압도 이곳에서 알 수 있다.

Attention 주의

종양(암)에 걸려도 살 수 있는 것은 조기발견이 열쇠

여러 가지 질병 중에서도 종양, 혈액종양(백혈병이나 임파선종양)은 조기 발견 여부에 따라 치유 확률에 큰 차이가 있다. 종양이 작고, 개의 체력이 남아있는 단계라면 완치하는 경우도 있다. 그러나 전이가 진행되면 수술로 암세포를 떼어내는 것도 어려워지고, 골수까지 전이되었으면 항암제도 듣지 않는 경우가 많다.

개는 7살이 지나면 「암 연령」으로 들어왔다고 말하는데, 종양에 걸릴 가능성이 비약적으로 높아진다. 7살이 넘은 개는 몸에 눈에 띄는 변화가 보이지 않아도 정기적으로 건강진단을 받아야 한다.

:: 집에서 할 수 있는 건강체크와 의심되는 주요 질병 ::

[겉모습의 변화]

- 체중 감소 ················· 당뇨병, 신장병, 종양
- 체중 증가 ················· 과식, 운동부족, 복수
- 겉에서 만져지는 배의 응어리 ··· 유방암
- 탈모 ····················· 기생충, 피부염,
  알레르기,
  갑상선기능저하증
- 눈곱, 충혈 ··············· 각막염, 결막염
- 눈동자가 하얗게 된다 ······· 백내장
- 눈이 간지러워서 긁는다 ····· 각막염, 결막염,
  알레르기
- 눈이 부어 있다 ············ 녹내장, 눈 종양
- 흰자위가 노랗다 ··········· 황달
- 콧물 ····················· 비염, 디스템퍼,
  비강선 종양
- 코 출혈 ·················· 비염, 비강선 종양,
  이물질이 들어감
- 귀에 고름이 있다 ·········· 외이염, 개선충증
- 침을 많이 흘린다 ·········· 입안 염증, 잇몸 염증,
  스트레스 과다,
  구강내 종양
- 입술이 붓는다 ············ 잇몸 염증, 알레르기,
  종양
- 잇몸 색깔이 하얗다 ········ 빈혈
- 잇몸 색깔이 노랗다 ········ 황달
- 이가 갈색으로 변한다 ······ 치조농루,
  치수(치아 수질)에
  감염

[냄새와 울음소리의 변화]

- 귀에서 냄새가 난다 ········ 외이염, 개선충증
- 입에서 냄새가 난다 ········ 입안 염증, 잇몸 염증,
  요독증(신장질환 말기)
- 온몸에 냄새가 난다 ········ 피부염
- 목이 쉰다 ················ 인두염, 후두염

[소변과 대변의 변화]

- 소변이 나오지 않는다 ······ 방광염, 전립선 비대,
  신부전
- 소변이 많다 ·············· 방광염, 당뇨병,
  쿠싱증후군,
  이뇨제 부작용,
  스테로이드 부작용
- 소변색이 빨갛다 ··········· 필라리아, 방광결석
- 소변이 흐리고 탁하다 ······ 전립선 비대, 신장질환
- 설사 ····················· 장내기생충,
  과식 소화기계통 질병
- 혈변 ····················· 장내기생충,
  파보 바이러스 감염증
- 변이 묽다 ················ 스트레스 과다, 기생충

[행동의 변화]

- 발을 질질 끈다 ············ 골절, 외상,
  고관절이나
  주관절의 이상
- 물을 자주 먹는다 ·········· 당뇨병, 신장질환
- 기침 ····················· 필라리아, 기관지염,
  켄넬코프
- 재채기 ··················· 비염, 비강선 종양,
  치조농루

동물병원을 싫어하는 개는 건강관리도 힘들다

질병

「동물병원 = 무서운 곳」이라는 개의 생각을 바꾸어주자

주인들 가운데는 「우리 개는 동물병원을 무서워해서 1년에 1번 예방주사를 맞을 때는 대소동을 벌인다」고 고민하는 사람이 많다.

개는 경험으로 학습하는 동물이다. 동물병원을 무서워하는 개는 「이곳에 오면 반드시 주사를 맞고, 고통을 당한다」는 과거 경험을 동물병원이란 장소, 냄새, 수의사의 흰옷 등과 연관시켜 기

● 백신으로 예방할 수 있는 개의 전염병과 감염증

분류	질병	증상
생명과 관계된 중대한 질병	디스템퍼	발열, 설사, 신경증상 등이 일어나고 온몸이 나빠진다. 사망률이 대단히 높고 치료되어도 후유증이 남는다. 1살 이하 강아지에게 발병이 많다.
	파보 바이러스 감염증	감염된 개의 소변 등으로 감염. 혈액이 섞인 설사나 구토를 일으키는 장염형과 갑자기 죽는 심근형이 있다. 전염성이 강하고 사망률도 높다.
	개 전염성 간염	아데노바이러스Adenovirus가 원인인 간염. 구토, 설사, 식욕부진, 눈에 하얀 것이 끼는 등의 증상이 일어난다. 강아지의 경우는 갑자기 죽을 가능성이 높다.
사람과 동물의 공통 감염증	렙토스피라병 황달출혈형	세균 렙토스피라에 의한 감염증. 신장이나 간장에 침투하는 전염병으로 사람도 옮는다. 황달형은 잇몸 출혈과 황달이 온다. 카니코오라형은 고열, 구토, 설사를 일으킨다. 중증인 경우에는 성견이라도 죽는다. 특히 등산이나 야외 활동이 많은 개에게 감염 위험성이 높다.
	렙토스피라병 카니코오라형	
기타 질병	아데노바이러스 2형감염증	아데노바이러스에 의해 일으키는 폐렴, 편도염 등의 호흡기 계통의 질병.
	켄넬코프 (파라인플루엔자)	파라인플루엔자para influenza 바이러스에 의해 생기는 사람의 감기와 비슷한 질병. 기침, 콧물, 편도염 등을 일으킨다.
	코로나 바이러스 감염증	코로나 바이러스에 의해 설사, 구토 등의 장염을 일으키는 질병. 파보바이러스와 함께 감염되면 위험도가 높아진다.

전염병・감염증의 예방백신은 단일형부터 2~9종 혼합형까지 다양하다. 위에 설명한 질병은 광견병(p.74 참고)과는 달리 백신접종이 의무적이지는 않지만, 생명과 관계된 매우 중요한 질병이므로 미리 예방책을 세워 두자.

억하는 것이다.

　동물병원을 무서워하지 않는 개로 만들려면 「이곳에 오면 좋은 일이 있다」는 경험을 개에게 인식시켜주는 것이 중요하다. 산책 중에 동물병원에 들러 현관 앞에서 간식을 주거나 병원 직원들과 커뮤니케이션을 나누도록 해보자.

몸을 만지는 데 익숙해지도록 습관들이자

　또한, 수의사가 몸을 만지는 것을 굉장히 싫어하는 개가 진찰 때마다 수의사를 물거나 으르렁거려서 수의사가 충분히 진찰할 수 없는 경우가 있다. 개 자신도 수의사에 대한 공포 때문에 필요 이상으로 정신적 스트레스를 받기 때문에 결과적으로 병 회복이 늦어진다.

　진찰을 편하게 하려면 주인뿐 아니라 누군가가 몸을 만지더라도 아무렇지 않게 대하는 개로 길들여 놓자.

:: 진찰을 순조롭게 하려면 ::

[동물병원을 무서워하지 않게 하는 요령]
- 산책 중간에 동물병원에 들러 그 현관 앞(건물 밖)에서 간식을 준다.
- 개가 수의사나 접수처 직원들을 인정하게 하려면 동물병원 대기실에 들어가 그곳에서 간식을 주기도 하고 직원들에게 귀여움을 받게 한다.
- 진찰이나 예방주사 때문에 방문할 때에도 반드시 간식을 가져가서 진찰 후에 직원이 간식을 주게 한다.
- 동물병원이 주최하는 길들이기 교실이나 애견인 모임 등에 적극적으로 참가하여 수의사나 직원과 익숙해져서 「동물병원은 무섭지 않다. 즐거운 일도 있다」는 경험을 하게 해준다.

[수의사가 몸을 만질 수 있게 개가 얌전해지는 단계]

 먼저 주인이 어디를 만져도 얌전히 있는 상태로 길들인다.

 서서히 친구 등 가족 이외의 사람에게 목과 등을 부드럽게 쓰다듬게 시키거나, 간식을 주게 하여 주인 이외의 사람이 만지는 것에 익숙해지게 한다.

 최종적으로는 입 안, 귓속, 눈, 항문 부근, 민감한 안쪽 허벅지, 발가락 끝 등 모든 곳을 자유롭게 만질 수 있게 하는 것이 이상적이다.

※ 누구라도 몸을 만질 수 있는 개로 기르려면 위의 내용을 강아지 때부터 길들이는 것이 중요하다.

몸이 아플 때에는 착한 강아지가 못 된다

질병

몸 상태가 변화하면 자연히 행동도 변한다

몸 상태에 변화가 일어나면 당연히 행동도 변화한다. 지금까지 전혀 문제가 없었던 개가 갑자기 사람이나 개를 물거나 용변가리기를 실패하는 것은 어떤 원인이 있기 때문이다.

예를 들어, 관절염 때문에 몸의 움직임이 둔해진 개는 용변가리기가 훈련되었어도 화장실까지 가는데 시간이 걸려서 소변을 그냥 싸버리는 경우가 있다. 또한, 싫어하는 개가 다가올 때도 바로 도망갈 수 없어서 공포심 때문에 무는 것과 같은 공격적인 행동이 나올 수도 있다.

이처럼 질병이나 상처가 원인일 수도 있으므로 개한테 급격한 행동변화가 일어나면 먼저 건강을 의심해 보고 수의사와 상담한다.

몸 관리와 마음의 치료, 두 가지 정성으로 개의 건강을 지킨다

질병 때문에 변화한 행동을 고치려면 그 원인인 질병을 치료하는 것이 최선이지만 그 가운데는 치료가 어려운 병도 있다. 그럴 때에는 개가 문제행동을 일으키거나 용변가리기를 실패하지 않게 주인이 도와주어야 한다.

관절염을 앓아서 용변가리기를 실패하는 개는 화장실 장소를 개가 평소에 지내는 장소와 가까운 곳으로 옮겨주면 용변가리기의 실패는 줄어들 것이다. 또, 공격적으로 된 개는 다른 개와 가까이 하지 않도록 주의하거나, 가족 이외의 사람에게는 만지지 않도록 부탁하는 것으로 물리거나 다치는 사고를 막을 수 있을 것이다.

질병을 간호할 때는 몸 관리와 함께 마음도 보살펴주어야 한다. 개가 계속되는 실패로 자신감을 잃지 않도록 신경을 쓰자.

질병 때문에 일어난 실수를 야단치는 것은 의미가 없다. 개가 실패하지 않도록 주거환경을 만들어주자.

:: 질병에 의한 개의 행동변화 ::

CASE 1 [관절염]

직접적인 증상

손이나 발, 허리가 아파서 움직임이 둔해진다.

행동변화
① 화장실에 가지 못하고 실패한다.
【대응방법】 화장실 위치를 개가 평소에 지내는 장소와 가까운 곳으로 옮긴다.
② 싫은 사람이나 싫어하는 개가 가까이 다가와도 도망가지 못하므로 궁지에 몰리는 심정으로 물어버린다.
【대응방법】 다른 개가 가까이 오지 못하게 주의하거나 손님에게 미리 개를 만지지 못하게 부탁하면 물리거나 다치는 사고를 막을 수 있다.

CASE 2 [진행성 망막위축·녹내장]

직접적인 증상

눈이 보이지 않게 되거나 보기 어려워진다.

행동변화
① 벽이나 문에 몸을 부딪치거나 계단을 헛디딘다.
【대응방법】 개가 부딪칠만한 장소에 충격흡수를 위한 쿠션이나 매트 등을 댄다. 개가 헛디딜만한 높낮이 차이가 나는 곳에는 게이트 등을 설치하여 진입을 제한한다. 또, 방 배치를 바꾸지 않는다.
② 근처의 개나 사람, 자동차 등에 주의를 기울일 수 없기 때문에 상대가 갑자기 나타났다고 느끼면 너무 무서운 나머지 물어버린다. 녹내장인 경우에는 안구 내의 압력이 올라가 머리가 멍해지므로 그 불쾌함 때문에 공격적으로 될 수도 있다.
【대응방법】 개에게 항상 말을 걸어 소리의 정보를 주어 누가 가까이 다가오는지를 미리 개가 알 수 있도록 해주고 놀라지 않게 해준다.

CASE 3 [당뇨병]

직접적인 증상

소변 횟수가 늘어난다.

행동변화
주인이 화장실에 가는 횟수가 많아진 것을 눈치 채지 못하고, 화장실 시트를 자주 교환해주지 않으면 더러워진 장소에 소변을 볼 수 없어 그 주변에 실수하게 된다.
【대응방법】 화장실을 개가 있는 장소와 가깝게 옮겨주고 화장실 시트는 자주 갈아준다.

개는 학습하는 동물 꾀병을 부릴 때도 있다

질병

주인의 관심을 끌기 위해 과거의 경험을 최대한 활용

치료를 받고 수의사가 「병이 완치되었습니다」라고 했는데도 불구하고 개의 증상이 전혀 회복되지 않는다는 말을 자주 듣는다. 걱정스런 주인은 다른 동물병원에 데려가지만 진단은 마찬가지다. 그럴 때는 「꾀병」을 의심해 봐야 한다.

개가 아파서 괴로워하면 대부분의 주인은 걱정스런 나머지 평소와는 다르게 행동한다. 몇 번이고 개의 상태를 보거나 환부를 쓰다듬거나 평소와는 다른 식사를 준비하고 그 중에는 학교나 회사를 쉬고 하루종일 개를 열심히 간호하는 주인도 있을 것이다.

이렇게 「주인의 관심을 끈다」는 것은 개한테는 최대의 포상이다. 그리고 개는 과거의 경험을 통해서 학습하는 동물이기도 하다.

즉, 개는 과거에 아팠던 경험에서 「아플 때는 주인이 부드럽게 대해준다」는 것을 학습한 것이다. 개한테는 「주인을 속이자」는 마음은 전혀 없다. 단, 사랑받고 싶다는 순수한 마음을 「꾀병」이라는 방법으로 표현하고 있을 뿐이다.

이런 경향은 주인과 개와의 관계가 강한 만큼 뚜렷하게 나타난다.

진짜 아픈지, 꾀병인지는 행동의 일관성으로 판단

물론 처음부터 꾀병으로 의심할 수는 없다. 우선 수의사에게 보이고 정말 나쁜 곳은 없는지 확실하게 진찰한다.

그런 후에 「이상이 없다」는 진단이 나오면 다음은 개의 상태를 체크한다.

예를 들어, 발을 아파할 때는 계속 그렇게 아파하는지, 아니면 주인이 보는 앞에서만 아픈 행동을 하는지 ──, 개의 행동에 일관성이 있는지가 판단의 열쇠다.

만일, 꾀병이어도 이런 행동은 주인에게 사랑받고 싶다는 마음에서 나온 순수한 행동이기 때문에 야단치지 말고 개와 접촉하는 시간을 늘리는 것이 좋다.

평소에 주인의 애정을 한껏 받고 있다면 개가 꾀병을 부리는 일도 적어질 것이다.

:: 개가 꾀병을 부리는 전형적인 형태 ::

CASE 1

 과거 경험 : 발을 다쳤을 때 주인이 부드럽게 마사지 해주었다.

 병원 진단 : 발에 외상은 없다. 뼈와 관절에도 이상이 없다.

꾀병 표현 : 주인의 눈앞에서 발을 질질 끌며 걷는다. 주인이 보지 않은 곳에서는 평상시처럼 걷거나 달린다.

CASE 2

과거 경험 : 온몸이 가려울 때 주인이 헌신적으로 간호해주었다.

병원 진단 : 여러 가지 검사를 해도 가려움의 원인을 특별히 찾을 수 없다.

꾀병 표현 : 주인 앞에서만 온몸이 가렵다고 호소한다. 밤에는 잘 잔다. 주인이 없을 때는 가려워하지 않는다.

CASE 3

 과거 경험 : 치석 때문에 입 안이 불편해서 입을 손으로 할퀴었을 때 주인이 밤중에 몇 번 일어나 상태를 보러왔다.

병원 진단 : 치석도 제거하고 알레르기 검사도 했지만 알레르기의 원인을 특별히 알 수 없다.

 꾀병 표현 : 주인이 외출하려고 하면 입 안을 피가 나올 정도로 할퀸다. 주인이 삼을 사려고 하면 또 세게 긁는다. 주인이 여행 중 애견호텔에 있을 때는 전혀 그런 행동을 하지 않았다.

진행되는 개의 고령화
긴 노후를 어떻게 보낼까

노화

노화와 함께 몸도 마음도 조금씩 변화

 수의학의 발달과 주인의 의식 변화, 키우는 환경의 개선 등으로 개의 세계도 해마다 고령화가 진행되고 있다.

 일반적으로 동물 노화의 특징으로는 활동성·트레이닝 능력·협조성의 감퇴, 단기 기억상실, 성격과 행동의 변화, 수면시간의 증가 등을 들 수 있다.

 그 중에서도 개한테 가장 뚜렷하게 나타나는 것은 관절의 움직임이 둔해지고, 기초대사량도 떨어지기 때문에 젊었을 때와 비교하면 활동이 둔해진다는 점이다. 그렇기 때문에 작은 턱에도 발이 걸려 넘어지거나, 계단에서 떨어지거나, 용변가리기를 실패하는 등 다양한 행동 변화를 일으킨다.

 또, 노화성 백내장 등으로 시력이 떨어지고 청각 등의 감각기관의 능력도 서서히 저하된다. 그 결과 젊었을 때는 상대하기 어려운 것이 가까이 오면 도망가거나 숨을 수 있었는데 나이가 들면 그것을 눈치 채는 것이 늦어져서 점점 더 불안함이 증가한다.

●9살을 경계로 크게 변화하는 개의 행동

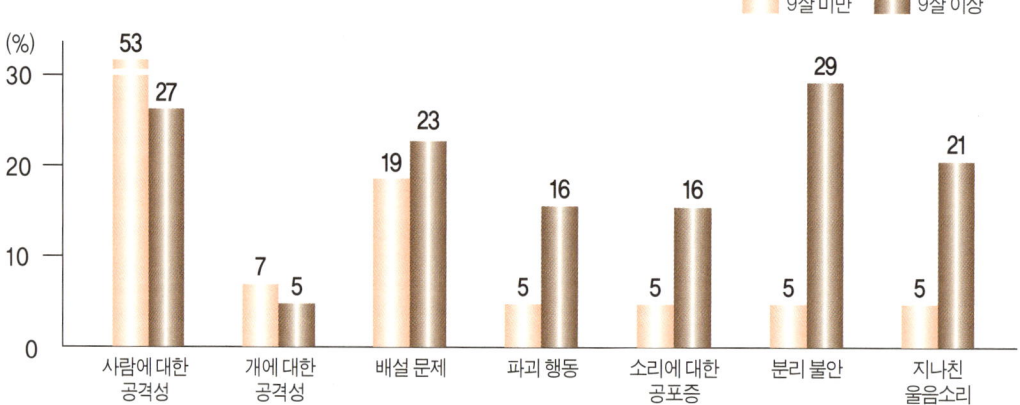

참고자료: 『Handbook of behavior problems of dog and cat』 G. Landsberg / W. Hunthausen / University of Pensylvania

늙은 개의 상태에 따라서
지내기 쉬운 환경을 마련한다

펜실베니아 대학의 조사(p.142 표 참고)에서는 9살을 경계로 개의 행동이 크게 변화한다는 것을 알아냈다.

그러나 사람도 개도 노화는 피할 수 없는 필연적인 것이다. 늙은 개의 행동을 심하게 야단치거나 고치려고 하지 말고, 예를 들어 미끄러운 마루 바닥에는 융단을 깔아주는 등 보다 지내기 쉬운 환경을 만들어주는 것이 좋다.

또한, 늙은 개의 건강관리의 중요한 포인트로서 다음 4가지를 들 수 있다.
① 염분을 적게, 고단백질의 식사를 준다.
② 가능한 운동을 시킨다.
③ 깨끗한 생활환경을 유지한다.
④ 적당한 자극을 준다.
주인으로서 해줄 수 있는 모든 것을 해준다.

:: 늙은 개가 쾌적하게 지내기 위해서는 ::

[가구 배치를 바꾸지 않는다]

시력이 떨어지거나 실명해도 익숙해진 실내는 감각으로 느낀다. 그러나 실내가 바뀌면 가구에 부딪히거나 정신적으로 불안해진다. 냄새가 없어 찾기 어려운 물그릇도 위치를 옮겨놓지 않는다.

[마루바닥에 카펫을 깐다]

발을 딛는 힘이 약해져서 마루바닥에서는 미끄러지기 쉽다. 걷기 쉬운 짧은 털의 카펫을 깐다(털이 고리모양인 카펫은 발톱에 걸리므로 안 된다). 또, 복도에는 화분 등의 장애물을 놓지 않는다.

[현관이나 계단 등 높낮이 차이가 있는 곳은 진입을 제한한다]

아주 낮은 높낮이 턱도 발이 미끄러지면 골절이나 탈구의 원인이 된다. 계단 올라가는 입구나 내려오는 입구에는 게이트 등을 설치하여 개가 마음대로 출입할 수 없도록 한다.

[그루밍도 깊은 배려로 정성을 들여서 한다]

운동량이 감소하고 발톱 마모가 적어지기 때문에 젊었을 때보다 더 자주 발톱을 깎아줘야 한다. 또, 짐자는 시간이 늘어나면 몸 밑의 털이 뭉치기 쉽다. 정성스런 브러싱으로 항상 청결하게 해준다.

개의 고령화로 생긴 새로운 문제「치매」

노화

질병과 갑작스런 환경변화가 치매의 동기

더욱 수명이 길어진 현대의 개들. 그러나 개의 고령화는「치매」라는 새로운 문제를 만들어냈다.

대부분의 경우에 치매는 서서히 진행하지만 질병이 악화되거나, 병 회복 후 또는 기르는 환경의 변화, 급격한 기온 저하, 불꽃놀이나 도로공사의 갑작스런 소음 등으로 증상이 악화될 수도 있다.

치매를 예방하는 것은 몸과 마음에 주는 적당한 자극

늙은 개가 모두 치매에 걸리는 것은 아니다. 또, 걸리기 쉬운 개와 그렇지 않은 개가 있는 것도 사실이다. 그 핵심은 심리적 스트레스의 크기와 관련이 있다고 생각할 수 있다.

일반적으로 개는 노화하면 젊었을 때의 성격적인 특징이 강조된다. 자기 중심인 개는 보다 자기 중심적으로, 주인 이외의 사람은 따르지 않는 개는 더욱 타인을 거절하는 경향이 강해진다.

게다가 노화는 환경적응 능력을 저하시키기 때문에 급격한 환경 변화나, 가족 구성원의 변화 등으로 심리적인 스트레스가 커져서 개의 치매를 진행시킨다.

치매의 진행을 늦추기 위해서는 적당한 자극을 주는 것이 중요하다. 장거리를 걷지 못하는 늙은 개라도 하루에 1번은 바깥 공기를 쏘여주고, 흙의 감촉이나 풀 냄새 등을 느끼게 해주어야 한다. 또, 친한 개나 사람과 어울리는 것도 좋은 자극이 된다.

치매를 근본적으로 고치는 것은 어렵지만 걷기 힘든 개라도 가능한 바깥 세상에 나가 자극을 주는 것으로 치매의 진행을 늦출 수는 있다.

:: 개 치매의 주요 증상과 대응방법 ::

증상

- 이름을 불러도 알지 못한다(무반응).
- 먹은 것을 잊고, 자꾸 끝없이 먹는다.
- 자주 잔다.
- 화장실 위치를 잊어버리고, 용변가리기를 실패하고, 자신도 모르게 싼다.
- 좁은 곳으로 들어가고 싶어하고 나오지 못한다.
- 낮과 밤이 바뀐다(수면 사이클의 변화).
- 밤중에 계속 운다.
- 목적 없이 걷거나, 배회(한쪽 방향으로 계속 돈다)한다.

[배설 실패를 반복하는]
[개의 대응방법]

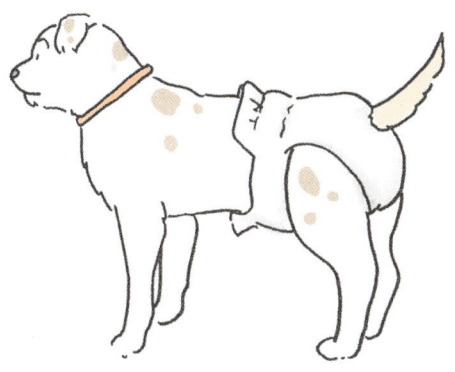

치매에 걸리지 않은 개라도 나이 든 개의 배설 실패는 자주 있는 일. 장시간 집에 혼자 두거나, 일일이 처리할 수 없을 경우에는 아기용 기저귀를 대신 사용하면 문제는 줄어든다.

[목적 없이 한쪽 방향으로]
[계속 걷는 개의 대응방법]

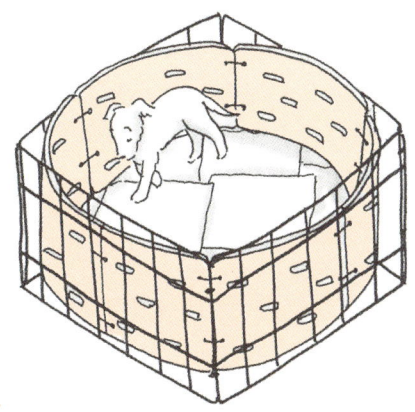

이런 종류의 치매는 보행하는 데 방해만 없으면 비교적 문제는 적다. 다치지 않도록 매트 등으로 둘러친 한정된 공간(지름은 개 신장의 2.5배 정도)인 원형 서클에 넣어준다.

Attention 주의

안락사와 종교관

놀랄지도 모르지만 미국에서 개의 사망원인 1위가 안락사다. 미국에서는 개의 길들이기에 대한 의식이 한국이나 일본보다 훨씬 높고, 인간사회의 규칙을 따르지 않는 개는 도태의 대상이 되기 때문이다. 또, 유럽인은 「심한 고통을 동반하는 불치병이나 움직이지 못하는 상태를 오래 끌고 가는 것은 반대로 동물을 학대하는 것」이라고 생각하는 사람이 많은 것 같다.
그 밑바닥에는 기독교의 「동물은 사람에게 봉사하기 위해 만들어진 것」이라는 생각이 깔려 있기 때문이다. 한편, 한국과 일본에서는 불교에서 온 「윤회전생」이나 「인연」이라는 것을 중요하게 여기기 때문에, 「수명을 다하게 하고 싶다」라고 생각하는 사람이 많은 것 같다.
여생이 짧은 애견의 안락사를 받아들이는가 거부하는가 ──. 이 문제에 대한 정확한 해답은 없다. 「애견의 죽음」을 어떻게 받아들이는가는 함께 살고 있는 가족의 판단에 맡길 뿐이다.

칼럼 Column

주인에게 바라는 책임감과 이성

●페트 붐의 그림자에서 목숨을 잃는 개

한국과 일본은 최근에 일찍이 전례 없을 정도의 페트 붐이라고 한다. 그 중에서도 개의 인기는 단연 톱이다. 지금까지 개와 접촉하지 않았던 사람들도 줄지어 개와의 생활을 즐기기 시작하여 아파트나 다가구 주택에서는 「애완동물을 기르는」 곳이 계속 늘어나고 있다.

그럼 한국과 일본은 개들에게 있어서 과연 낙원인가. 한국은 애견인구가 급격히 늘면서 유기견이 많이 발생하고 있다. 그러나 아직 이를 해결할 만한 체계적 시스템이 갖춰지지 않은 상태다. 최근 일부 지방자치단체에서 동물보호소 설치 움직임을 보이고 있고, 개인적으로 운영하는 보호소도 늘어나고 있다.

「싫증났다」, 「말을 듣지 않아 필요 없다」, 「유행하는 견종으로 바꾸고 싶다」 ── 귀를 의심할 정도의 이유로 목숨을 잃는 개가 많은 것도 전례 없는 페트 붐에 열광하는 현재 한국과 일본의 뒷모습이다.

● 계획 없이 번식시키지 않는 이성이 필요

개와 함께 하는 생활은 우리들에게 둘도 없는 행복한 생활을 가져다주는 반면에, 외출에 제한을 받거나 번식 문제 등 복잡하고 힘든 일도 많다. 당연히 아무리 피곤해도 식사 등 보살피는 것을 게을리 할 수는 없다.

주인에게는 한번 개를 기르기 시작했으면 마지막까지 그 개를 보살필 책임이 있다. 또, 그 개가 강아지를 낳으면 강아지의 미래까지도 함께 보살펴야 한다. 「개나 고양이는 목숨을 걸고 주인찾기 게임을 하고 있다.」 이 말은 미국의 어느 셸터(shelter, 버려진 개를 보호·수용하여 새로운 주인을 찾아주는 시설) 담당자의 말이다.

개나 고양이는 1년에 2회 번식기를 맞이하여 한 마리의 암캐에게서 많으면 연간 20마리 정도의 새끼가 태어난다. 페트 붐이라고 해도 강아지나 새끼 고양이가 태어나는 속도만큼 주인의 숫자가 증가하지 않는다. 주인을 찾지 못한 개, 지금까지 자신이 앉아 있던 자리를 새로운 동물에게 내어주게 된 개는 남몰래 단지 묵묵히 이 세상을 떠나고 있는 것이다. 주인을 만나지 못한 불행한 개를 만들지 않기 위해서 개를 원하는 사람의 수와 새롭게 태어나는 강아지의 수를 같게 할 수밖에 없다. 주인에게는 계획 없이 번식시키지 않는 이성도 정말 필요하다.

5 길들이기로 성숙해지는 개의 마음

길들이기는 개의 행복한 삶을 위한 패스포트

길들이기를 통해서 개는 사람과 신뢰관계를 쌓아간다

「길들이기」에 대해 사람들을 「개는 자연스런 모습이 제일 좋아. 사람이 말하는 건 듣지 않아도 좋아」라고 말하기도 한다. 그러나 이런 경우의 길들이기는 「앉아」나 「엎드려」 등 이른바 훈련과목을 가리키는 것이 대부분이다.

물론 「앉아」나 「엎드려」는 길들이기의 중요 과목이다. 하지만 그것은 국어나 수학 등의 공부와 같다. 공부는 물론 잘해서 나쁠 것은 없지만, 우리들 인간의 교육과 마찬가지로 그 전에 「모두 사이좋게 지낸다」, 「사람에게 폐를 끼치지 않는다」 등의 기본적인 규칙을 몸에 익히는 것이 길들이기의 본질이다. 그 목적은 재주를 몸에 익히는 것이 아니라 개가 인간사회에 융화되어 행복하게 살아가기 위한 기초교육을 익히는 것이다.

또한, 길들이기를 통해서 개는 주인과의 신뢰가 두터워진다. 개한테 길들이기의 시간은 고통의 시간이 아니라 사랑하는 주인에게 관심을 받고, 접촉하고, 마음을 전하고, 때로는 포상까지 받는 즐거운 시간이 되어야 한다.

주인과의 관계가 밀접한 개일수록 난이도 높은 지시도 익힐 수 있다

가정에서 기르는 개를 길들이는 데 중요한 것은 집 안에 있을 때는 주인 곁에서 편안히 쉬고, 주인이 바라는 장소에 배설하고, 해서는 안 되는 일을 하지 않는다 —— 등 함께 생활하면서 사람도 개도 서로 괴로워하지 않는 상황을 만드는 것이다.

그리고 이 즐거운 상황을 만들기 위해서 사람도 개도 서로 무엇을 하고 싶은지, 무엇을 하면 안 되는지를 얼마만큼 이해할 수 있는가가 핵심이다. 주인과의 관계가 밀접한 개는 그렇지 못한 개보다 몇 배나 사람의 말을 잘 이해할 수 있으므로 커뮤니케이션의 횟수를 높이면 개는 점점 난이도가 높은 지시도 따를 수 있다.

길들이기에는 「'엎드려'가 되면 OK」라든가 「'기다려'가 되면 졸업」이라는 기준은 없다. 또, 개는 한 번 기억한 지시도 계속 훈련하지 않으면 잊어버린다.

즉, 길들이기란 개와 주인을 이어주는 평생 계속되는 숙제와 같은 것이다.

:: 길들이기가 가져다주는 개와 사람의 생활 리듬 ::

[행복한 개]

1. 주인과의 관계가 좋은 개는 주인을 따를 때 기쁨을 느낀다.
2. 길들이기가 잘된 개는 사회적응이 쉽다.
3. 외출할 수 있는 장소가 많아져서 개 자신의 행동 범위가 넓어진다.
4. 주인과 함께 여러 장소에 외출할 수 있어서 사랑하는 주인과 함께 있는 시간도 많다.
5. 항상 주인과 함께 있는 개는 정신적으로 안정되어 있다.
6. 정신적으로 안정된 개는 주인에게도, 다른 사람에게도 폐를 끼치지 않는다.

[불행한 개]

1. 주인을 신뢰하지 않는 개는 주인의 말을 듣지 않는다.
2. 길들이기가 안 된 개는 사회적응이 쉽지 않다.
3. 외출할 수 있는 장소가 적어 개 자신의 행동 범위가 좁다.
4. 주인이 가는 곳에 같이 갈 수 없어서 함께 하는 시간이 적다.
5. 주인과 떨어져 있는 시간이 길기 때문에 정신적으로 불안정하다.
6. 정신적으로 불안정하기 때문에 여러 문제행동이 나타난다.

칭찬을 받으면 의욕이 솟구친다

즐거운 것은 반복하고 싫어하는 것은 피한다

「앉아」라는 지시를 가르치려 해도 개가 처음부터 그 말의 의미를 이해하고 있는 것은 아니다. 단, 그 지시가 떨어졌을 때 엉덩이를 바닥에 내렸더니 주인이 칭찬해주었고, 포상으로 간식을 받았다는 경험으로 주인이 바라는 행동을 학습해 가는 것이다.

또, 모든 동물에게는 「즐거운 것은 반복하고, 싫어하는 것은 피한다」는 습성이 있다. 그러므로 개가 올바른 행동을 했을 때에는 맘껏 칭찬해주는 것이 중요하다.

사람이 어린아이를 교육할 때에는 가끔 엄한 태도도 필요하지만, 개의 경우에는 「칭찬으로 키우는」 것이 기본이다. 잘 칭찬해주는 것이 길들이기를 성공시키는 최대의 포인트다.

칭찬해주는 것은? 포상은?

그럼 「칭찬한다」는 구체적으로 무엇을 의미하는가. 그것은 개가 기뻐하는 것, 포상이 되는 것을 주는 것이다.

일반적으로 먹는 것을 싫어하는 개는 없다. 그렇기 때문에 음식은 가장 대표적인 상이다. 그러나 항상 간식을 주게 되면 그 개한테는 간식이 일상적인 것이 되므로 특별한 상이 될 수 없다. 길들이기를 할 때 지시에 잘 따랐을 경우에만 받을 수 있는 특별한 간식은 평소 때 주는 간식 종류는 피하는 것이 좋다.

쓰다듬어주는 것을 싫어하는 개도 있다

또, 길들이기 훈련소 같은 곳에서 「개를 칭찬해주세요」라고 알려주면 대부분의 주인은 개를 쓰다듬어주는 경우가 많다. 그러나 몸을 만지는 것을 싫어하는 개는 쓰다듬어주는 것을 기뻐하지 않는다. 또한, 집에 있을 때 아무것도 하지 않았는데 주인이 언제나 쓰다듬어주는 개는 그 쓰다듬어주는 행동 자체가 특별한 포상이 되지 않는다. 더구나 원래 흥분을 잘하는 개는 쓰다듬어주기만 해도 흥분하는 경우가 있다.

자신의 개가 어떻게 해주었을 때 기뻐하는지 한번 적어보면서 자세히 살펴보길 바란다.

:: 길들일 때는 「개가 좋아하는 것」을 잘 이용하자 ::

 Step 1 개가 좋아하는 것을 관찰하여 순위를 정한다

◎ 좋아하는 음식
1위 단단한 육포
2위 부드러운 육포
3위 뼈다귀 껌
4위 개전용 비스킷
5위 치즈

◎ 음식 이외에 좋아하는 것
1위 쓰다듬어주는 것
2위 산책
3위 냄새 맡는 것
4위 동료들과 인사하는 것
5위 푹신푹신한 인형

◎ 쓰다듬어주면 좋아하는 부위
1위 머리
2위 옆얼굴부터 턱밑까지
3위 가슴

 Step 2 길들이기의 난이도에 따라 순위대로 상을 준다

- 새로운 것이나 어려운 길들이기에 성공했을 때
  ➡ 높은 순위의 상을 준다.
- 어느 정도 배운 것을 할 수 있을 때
  ➡ 낮은 순위의 상을 준다.
- 몇 번이고 반복해서 난이도가 낮은 것을 성공했을 때
  ➡ 포상은 가끔 한다.

● 트레이닝이 잘 되지 않았을 때는……

「좋아하는 것」을 뺏는 것은 개한테 커다란 벌칙이다. 때로는 이런 「주지 않는 벌칙」을 사용하는 것도 보다 효과적으로 훈련시킬 수 있는 방법이다.

예1 산책을 좋아하는 개의 경우에는 트레이닝에 성공하면 산책을 데려가고, 성공을 못하면 산책을 뒤로 미룬다.

예2 공원에서 다른 개와 노는 것을 좋아하는 개의 경우에는 공원 근처에서 트레이닝을 하여 성공하면 그대로 공원에 데려가고, 성공하지 못하면 공원에 가지 않고 그냥 집으로 돌아온다.

길들이기

때리면 사람을 불신하기도
야단치는 방법에 조심을

실패해도 조바심내지 말고 개의 페이스를 존중

아무리해도 잘 길들여지지 않는 개한테 자신도 모르게 화를 내는 경우가 있다. 그러나 개는 왜 주인이 화를 내는지 모르고 주눅들 뿐이다. 개는 큰 소리로 야단맞거나 체벌을 받으면「싸움을 걸어왔다」고 믿고 무서워한다.

또, 그런 상황에서「공격당했다」는 생각이 강하게 남은 개는 주인을 포함하여 사람에게 신뢰를 잃어 사회에 융화할 수 없게 된다.

개 길들이기는「칭찬으로 키운다」가 기본이다. 개의 훈련능력은 견종에 따라 개마다 차이가 있으므로, 트레이닝은 다른 개와 비교하지 말고 훈련하는 개의 페이스에 맞추는 것이 중요하다. 길들이기는 주인과 개의 커뮤니케이션 수단이기도 하다. 훈련이 잘 되지 않아도「조바심내지 않고, 화내지 않으며, 무리하게 강요하지 않는다」를 꼭 명심한다.

Attention 주의

나쁜 버릇을 고치기에는「일시적 악화」와「자연적 회복」이 있다

「놀아요」라든가「(먹을 것) 주세요」라고 요구하는 표현인「달려드는 행동」은, 예전에 개가 이렇게 행동했을 때 주인이 개의 요구에 응했기 때문에「달려들면 요구가 통한다」고 개에게 기억시킨 나쁜 버릇이다. 그것을 고치려면 무시하는 것이 효과적이다.

단, 무시했을 때 더욱 달려드는 것이 심해지는 경우가 있다. 이것은 개 자신이 한 요구가 주인에게 전달되지 않았다고 느껴서, 보다 강하게 요구하는 것이다. 그러나 이것은 일시적인 행동이므로 여기서 주인이 요구를 들어주면 개는「심하게 달려들면 요구가 통한다」고 기억하여 나쁜 버릇이 더 강화된다.

또, 한번 없어진 나쁜 버릇이 시간이 지나면 부활하는 경우도 있다. 이것은「자연적 회복」이라 불리는 자연현상이다. 이 경우도 철저히 계속 무시하는 것이 중요하다. 다시 살아난 나쁜 버릇은 왼쪽 그래프처럼 시간이 지나면 사라진다.

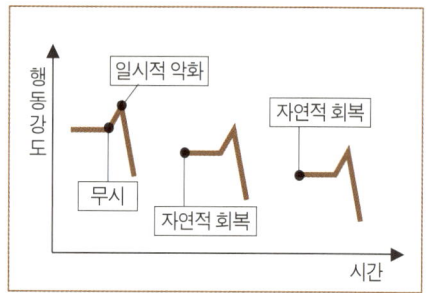

무시나 충격요법이 효과적인 경우도 있다

개가 실패하거나 잘못된 행동을 했을 때에는 보통 냉정하게 의연한 태도로 「안 돼」하고 야단치는 것으로 충분하다. 그러나 그렇게 해도 행동을 그만두지 않거나 반복할 경우에는,

① 무시한다(그 자리를 떠난다).
② 충격요법으로 벌을 준다.

이 2가지 방법을 생각할 수 있다.

①은 먹을 것을 조르거나, 산책을 조르거나, 놀자고 조르는 등 주인이 무언가를 해주길 바라는 개한테 매우 효과적이다.

한편 ②는 짖거나 물어뜯는 등 그 자체가 개한테 쾌감을 주는 행동을 억제하는 데 효과적이다.

∴ 반복되는 문제행동의 대응방법 ∴

[보상(주인이 해주는 행동)을 바라는 행동인 경우]

- 관심을 받고 싶어 달려들 때
- 간식이나 식사를 요구하며 달려들 때
- 산책을 하자고 짖을 때

방법 무시한다(그 자리를 떠난다)

항상 주인과 관계를 맺고 싶어하는 개가 주인한테 무시당하는 것은 정말 가슴 아픈 일이다. 개가 포기할 때까지 말을 걸거나 눈을 마주치지 않는다. 개가 위와 같은 요구를 하지 않고 얌전히 있을 때 놀아주거나 식사를 주거나 산책을 한다.

[자기 보상(그 행동 자체가 개한테 쾌감)의 행동인 경우]

- 짖거나 인형이나 슬리퍼를 무는 등 그 행동자체를 즐거워할 때

방법 충격요법으로 야단친다

- 빈 캔을 던진다.
- 치안 방지용 알람을 울린다.
- 가까이에 있는 물건을 두드려 소리를 낸다.
- 물총으로 물을 뿌린다 등.

※ 충격요법으로 야단칠 경우에는 개가 눈치채지 못하게 할 것. 주인이 벌을 주고 있다는 것을 알면 개는 주인이 없을 때 같은 장난을 친다.

길들이기

주인의 애매한 태도는 개를 혼란시킬 뿐

개가 혼란스럽지 않게 가족 규칙을 만들자

개를 길들일 때 중요한 것은 일관성이다. 예를 들어, 어떤 때는 식탁에서 주인이 먹을 것을 주고, 또 어떤 때는 식탁에 발을 걸쳐 놓기만 해도 야단치는 것은, 개가 어떻게 행동하면 좋을지 모르게 혼란만 줄 뿐이다.

가족 구성원에 따라 어떤 사람은 용서하고 어떤 사람은 용서하지 않는 것도 문제다. 먼저 가족끼리 의논하여 「우리 집 규칙」을 통일시켜야 한다.

이 규칙은 개가 다니는 영역, 식사를 주는 장소 등에 따라 구체적으로 정해서 가족 전원이 지키도록 한다.

명령은 짧고 분명하게 끝맺음 신호도 기억시키자

가족의 규칙과 마찬가지로 지시이나 명령어도 가족끼리 통일된 것을 사용해야 한다. 「앉아」로 할 것인지, 「시트sit」로 할 것인지 등 하나의 동작에 1가지의 명령어를 대응시켜서 명령할 때는 짧고 분명하게 1번 명령을 내린다.

개가 지시에 잘 따르면 충분히 칭찬해주고, 그 다음에는 반드시 「잘 했어」 등을 말해주어서 긴장을 풀어준다. 이런 끝맺음 신호를 해주지 않으면 개는 언제까지 「앉아」 있어야 할지 망설이게 되어 지시한 동작을 자신의 판단으로 그냥 끝마쳐 버린다.

Attention 주의

야단칠 때는 이름을 부르지 않는다

개를 칭찬할 때는 「ㅇㅇ아, 잘 했어. 착하다」라고 그 개의 이름을 부르면서 칭찬해 주는 경우도 많다. 그러나 개를 야단칠 때는 결코 이름을 부르면서 야단치지 않는다. 「ㅇㅇ아, 하지마」, 「ㅇㅇ아, 안 돼」라고 계속하면 개는 「이름을 부르고는 반드시 화를 낸다」고 기억하여 개를 부르기 위해 「ㅇㅇ아, 이리 와」라고 했을 때도 반응을 나타내지 않는 경우가 있다. 개의 행동을 제지할 때는 「안 돼」, 「하지마」, 등 짧고 명확하게 제지하는 명령어만 사용한다.

칭찬하는 순간 야단치는 순간

길들이기를 할 때는 타이밍도 중요하다. 칭찬을 하든지, 야단을 치든지 개가 그 행동을 하는 바로 그 순간에 하지 않으면 효과가 없다.

예를 들어, 물어도 좋은 장난감과 슬리퍼가 나란히 있을 때, 그것이 우연일지라도 개가 장난감을 입에 물면 무는 순간 칭찬해준다. 그렇게 함으로써 개의 마음 속에는 「이 장난감을 무는 것은 주인이 칭찬해주는 좋은 행동이다」라는 의식이 강화된다.

반대로 해서는 안 되는 행동을 할 때에는 하는 그 순간에 「안 돼」라고 말하여 그 행동을 못하게 해야 한다. 이어서 「앉아」 등을 명령하고 잘 따르면 많이 칭찬해준다. 그러면 개는 「주인이 『안 돼』라고 말할 때 그만두면 그 후에 칭찬받는다」고 기억하여 점점 해서는 안 되는 행동을 안 하게 된다.

:: 트레이닝을 성공시키는 요령 ::

1 [하나의 행동에는 1가지 이름을]
「앉아」든 「시트sit」든 명령은 가족끼리 통일하여 사용한다. 같은 동작에 몇 개의 명령어를 사용하는 것은 혼란의 원인이 된다.

2 [명령은 1회]
명령을 몇 번이나 계속하면 개는 주인의 말을 무시하거나, 계속 명령했던 행동만 따르면 된다는 나쁜 버릇이 생긴다.

3 [동작의 시작과 끝맺음을 표현한다]
「명령 ➡ 동작 ➡ 그 동작을 칭찬 ➡ 긴장해소」를 한 세트로 하여 어디부터 어디까지가 하나의 동작인지를 분명하게 개한테 표현한다.

4 [포상을 잘 이용한다]
각각의 개가 좋아하는 음식, 좋아하는 일, 쓰다듬어주면 좋아하는 부위 등 개에게 보상이 될 수 있는 것을 잘 이용하여 개의 학습의욕을 자극한다(p.151 참고).

5 [칭찬할 때, 야단칠 때는 타이밍이 중요]
칭찬할 때는 잘한 행동을 한 바로 그 순간, 야단칠 때는 해서는 안 되는 짓을 한 바로 그 순간, 즉 개가 그 행동을 한 순간에 하지 않으면 효과가 없다.

길들이기

트레이닝은 조금씩 오래하면 집중력이 떨어진다

길들이기의 첫걸음은 개의 주의를 주인에게 집중시키는 것

길들이기를 할 때 제일 먼저 해야 할 것은 이름을 불렀을 때 「왜요?」라고 주인에게 주의를 집중시키는 것이다. 처음에는 이렇게 집중된 것만으로도 칭찬해준다. 이것은 자신의 이름을 인식시키는 것과 이어진다.

● **무리 없이 익히는 길들이기 순서**

 Step 1   **Step 2** **Step 3**

시선 맞추기

이름을 부르면 주인을 바라보는 시선맞추기는 길들이기의 첫걸음. 「주인의 눈을 보면 좋은 일이 있다」는 기분을 개에게 심어준다(p.43 참고). 또, 몸의 여러 부위를 만져도 아무렇지 않도록 평소에 트레이닝 한다(p.55 참고).

「이리 와」를 가르친다

이름을 불러 개가 주인에게 주목하면 앉아서 「이리 와」라고 말한다. 양팔을 벌리는 등의 행동을 하면 개가 알기 쉽다. 그래도 개가 움직이지 않을 때는 미리 준비한 소량의 간식이나 뒷걸음질을 치는 동작으로 유도한다. 개가 가까이 달려오면 「착하네」라고 말하면서 많이 칭찬해준다.

「앉아」를 가르친다

① 소량의 간식을 개의 머리 위에서 뒤쪽으로 움직인다.
② 개가 간식에 시선이 끌려 엉덩이를 바닥에 내려놓는 순간과 동시에 간식을 주면서 먼저 「앉아」의 자세를 가르친다.
③ 이번에는 「앉아」라고 말하면서 ①과 같은 방법으로 간식을 움직여 「앉아」 자세를 유도하고, 「앉아」 자세가 된 순간에 「똑똑하다」는 칭찬의 말과 동시에 간식을 준다.
④ 「잘했어」 등의 말로 긴장을 풀어주면서 훈련을 끝마친다.

이름을 불러도 개가 계속 무시하는 상태이면 주인이 어떤 명령을 해도 개는 누구한테 말하는지를 몰라 다음 길들이기가 진행되지 않는다.

아래에 있는 내용은 길들이기 훈련의 일반적인 순서이다. 하나하나 착실하게 익히자.

개의 집중력은 짧다
생각지도 못한 시간에

개를 길들일 때는 1회에 2~3분씩 하루에 4~5회로 나누어서 훈련하는 것이 가장 이상적이다.

오랜 시간 훈련하면 개도 지치고 질려서 오히려 훈련을 싫어하게 될지도 모른다.

또, 트레이닝 시간을 「매일 몇 시」라고 정하면 개는 「이 시간에 지시하는 것만 들으면 된다」고 훈련을 의식하게 된다. 예를 들어, 화장실에 갈 때나 TV 광고를 할 때 등 개가 「어!? 지금 해요?」라고 느끼게끔 생각지도 못한 시간에 하는 것이 언제, 어디에서든지 명령을 잘 따르는 개로 길들일 수 있는 훌륭한 트레이닝 방법이다.

Step 4
「엎드려」를 가르친다

① 「앉아」 자세를 시킨 다음, 개의 코 끝에 소량의 간식을 손에 숨긴 채 개 앞에서 바닥까지 숨긴 간식을 천천히 내린다.
② 개가 간식에 이끌려 앞발을 구부리고 가슴을 바닥에 붙이면 바로 간식을 주면서 우선 「엎드려」의 자세를 가르친다.
③ 이번에는 먼저 「엎드려」라고 말하면서 간식으로 「엎드려」 자세를 유도하고 자세를 잡으면 칭찬하는 말과 함께 간식을 동시에 준다.
④ 「잘했어」 등의 말로 긴장을 풀어주면서 훈련을 끝마친다.

Step 5
마주 본 상태에서 「기다려」를 가르친다

① 개와 나란히 서서 「앉아」 자세를 시킨 다음, 개의 시선을 주인에게 집중시킨다.
② 「기다려」라고 말하면서 개의 얼굴 앞에 손을 크게 벌리고 개와 멀리 떨어진 발을 앞으로 내딛는다.
③ 손을 벌린 채 개의 정면에 서서 다시 「기다려」라고 말하면서 개와 마주본다.
④ 다시 한번 「기다려」라고 말하면서 천천히 뒷걸음질을 친다.
⑤ 「잘했어」 등의 말로 긴장을 풀어주면서 훈련을 끝마친다.

※개가 반드시 성공할 수 있도록 아주 짧은 시간부터 시작한다.

갑자기 어려운 것에 도전하지 않는다

길들이기

「앉아」나 「기다려」는 바로 배울 수 있다?

개의 집중력을 높여서 훈련에 들어가면 하루에 「앉아」나 「기다려」 등 하나의 동작을 익힐 수 있다. 또한, 그다지 훈련능력이 높지 않은 개도 며칠 동안 반복 훈련하면 대부분의 개는 동작을 따라할 수 있다.

그럼 주인은 「우리 개는 이제 '앉아' 자세를 할 수 있게 되었다」고 생각하지만, 며칠 후에 다시 「앉아」를 지시했을 때 반드시 개가 말을 알아듣고 행동하는 것은 아니다.

누구에게, 어디서 배웠는지를 개는 연관시켜서 기억한다

개는 대개 그 장소에 무엇이 있었는지, 누가 있었는지 등 자세한 상황을 함께 연관시켜 사물을 학습한다. 그렇기 때문에 장소가 바뀌거나 명령하는 사람이 바뀌면 금방 지금까지 완벽하게 했던 것도 할 수 없는 경우가 있다.

언제 어디서에서나 명령에 따르게 하려면 집 안의 모든 방, 마당, 자동차 속, 공원, 사람이 많이 지나다니는 상점 등 다양한 장소에서 반복 훈련해야 한다.

또, 개의 머리 속에는 「누구에게 배웠다」는 것이 그 행동과 연관되는 경우가 많기 때문에, 모든 사람의 명령에 따르게 하기 위해서는 가족 모두가 교대하면서 훈련시켜야 한다.

훈련의 난이도를 높이는 4D

일반적으로 개를 길들이는 난이도는,
① Distance(거리)
② Duration(행동 지속 시간)
③ Diversity(다양성) 또는 Distraction(다양한 환경)
④ Delivery of reward(포상 방법)
등 4가지 「D」와 관련있다고 한다.

각각의 명령을 확실하게 가르치기 위해서는 4가지의 D 중 3가지의 조건은 바꾸지 않고, 1가지씩 변화를 주면서 훈련시킨다.

동시에 2가지 이상의 조건을 바꾸면 성공률이 떨어져 개는 자신감을 잃게 되고 처음부터 다시 훈련해야 하는 경우가 생긴다.

:: 4가지 D로 STEP — UP ::

1 Distance 거리를 바꾼다

처음에는 바로 개의 눈 앞에서 지시한다. 2~3m 떨어진 장소에서 지시한다.

2 Duration 행동 지속 시간을 바꾼다

5초 후에 지시를 멈추고 칭찬한다. 30초 후에 지시를 멈추고 칭찬한다.

3 Diversity 다양성 또는 **Distraction** 다양한 환경

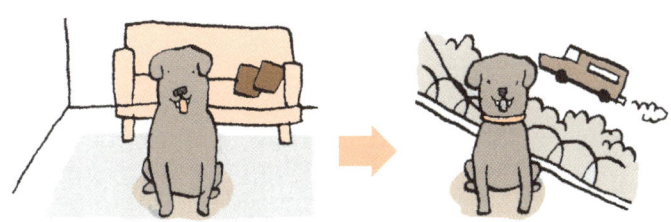

처음에는 개가 안심할 수 있는 실내에서 시작하고, 마당, 낯선 사람이 있는 거리, 다른 개들이 있는 공원, 사람이 많이 다니는 상점 앞 등 환경을 바꾼다.

4 Delivery of reward 포상 방법을 바꾼다

간식을 주머니에 넣고 지시에 따랐을 때마다 준다.

미끼처럼 작은 간식을 이용하여 「앉아」 등의 동작을 유도한다.

지시에 따랐어도 포상을 줄 때와 주지 않을 때를 만든다(포상을 매번 주면 포상이 있을 때만 지시를 듣게 된다). 또는 아주 잘 했을 때만 주도록 한다.

길들이기 훈련의 연장이기도 한
장애물 통과 Agility 에 도전

개와 주인이 하나가 되어 활발하게 움직이는 장애물경기

어질리티Agility란 직역하면「기민함」,「경쾌함」이란 뜻. 이것은 마술(馬術) 경기에 힌트를 얻어 고안해낸 개를 위한 스포츠로 터널을 통과하고, 허들을 뛰어넘고, 일렬로 세워진 막대 사이를 달리는 등 주인의 지시에 따라 몇 종류의 장애물을 얼마나 빨리 정확하게 통과하느냐의 경기다.

모든 개에게는 원래 운동욕구, 작업욕구가 있다. 특히 양치기 개나 사냥개 등의 작업견working dog으로 만들어진 개는 비좁은 도시생활 속에서 높은 운동욕구를 충족시키지 못하는 것이 현재의 실정이다. 장애물경기에는 그런 개가 원하는 운동, 흥분, 스릴이 넘친다.

주인과의 공동작업이 가져다주는 높은 만족감

장애물경기를 하면서 중요한 것은 개의 높은 운동능력과 지능이다. 그러나 그보다 더 중요한 것은 주인과의 커뮤니케이션이다. 개는 주인의 지시에 따라 각각의 장애물을 훌륭하게 통과해 나간다.

Agility란「주인의 명령을 듣는다」는 길들이기의 연장선에 있기도 하며, 개와 주인이 함께 하는 공동작업으로서 모두에게 강한 만족감을 가져다 주기도 한다.

물론, 경기에 출전하는 것도 가능하지만 그것만이 목적이 아니라 매일 길들이는 훈련에 장애물경기 놀이를 포함시키는 것도 개와의 관계를 보다 깊게 하는 하나의 방법일지도 모른다.

단, 아직 뼈가 완전히 발달되지 않은 6개월 미만의 강아지나 고관절·주관절에 문제가 있는 개, 척추에 장애가 있는 개는 다치거나 병이 생길 수도 있으므로, 도전하기 전에 수의사에게 검진을 받도록 하자.

집에서도 할 수 있는 Agility를 포함시킨 트레이닝

[훌라후프 속으로 점프하기]

 훌라후프를 바닥에 대고 그 안을 통과시킨다.

 몇 번이고 반복하여 잘하게 되면 훌라후프를 5cm 정도 들어 그 안을 통과시킨다.

 조금씩 훌라후프의 높이를 올려 점프해서 통과할 수 있게 한다.

 개의 몸집이나 발의 길이에 맞추어 훌라후프 높이를 조절한다.

[종이상자 속을 빠져나가기]

 커다란 종이상자의 위아래를 터서 터널을 만든다.

 한 사람이 터널 입구 앞에서 목줄을 잡고 기다린다.

 다른 한 사람이 터널 출구에서 간식 등으로 유도한다.

 터널을 무서워하는 개한테는 무리하게 강요하지 말고 훌라후프 통과부터 도전시키자.

● 경기 종류

구 분	표준 등급	소형 등급
허들	폭 120cm, 높이 55~65cm	폭 120cm, 높이 30~40cm
벽돌	폭 120cm, 높이 55~65cm	폭 120cm, 높이 30~40cm
테이블	90~120cm, 사방높이 60cm	90~120cm, 사방높이 35cm
A프레임	폭 약 100cm의 판자벽 2매를 A형의 형태에 맞춘 것	폭 약 100cm의 판자벽 2매를 A형의 형태에 맞춘 것
시소	폭 30cm, 길이 365~425cm, 중축 60~70cm	폭 30cm, 길이 365~425cm, 중축 60~70cm
보도교	폭 30cm	폭 30cm
회전경기의 길이 100m	50~65cm 간격에 8·0·2개의 말뚝 말뚝길이 100cm, 길이 100m	50~65cm 간격에 8·0·2개의 말뚝 말뚝길이 100cm
하드터널	지름 60cm, 길이 300~360cm	지름 60cm, 길이 300~360cm
소프트 터널	직경 60~65cm 입구로부터 90cm 지나서 소프트 터널	지름 60~65cm 입구로부터 90cm 지나서 소프트 터널
타이어	지름 38~60cm, 타이어 중심으로부터 지상높이 80cm	지름 38~60cm 타이어 중심으로부터 지상높이 55cm
롱점프	폭 120cm, 높이 15~28cm의 4개의 바를 120~150cm의 사이에 늘어놓는다.	폭 120cm, 높이 15~28cm의 4개의 바를 60~75cm의 사이에 늘어놓는다.

짖는 것은 본능이며 기쁨이다

울음소리가 날 때는 반드시 어떤 이유가 있다

흔히 「우리 개는 쓸데없이 짖어서 곤란하다」고 고민하는 주인이 있다. 그러나 쓸데없이 짖는다고 보는 것은 어디까지나 사람의 관점. 개에게는 쓸데없이 짖는 것은 존재하지 않으며, 짖는 행동 뒤에는 반드시 어떤 이유가 감추어져 있다.

짖는 주요 원인은 낯선 사람이나 다른 개, 자동차, 자전거 소리 등 자극에 대한 반응, 영역 침범에 대한 경계심 등을 들 수 있다.

또, 주인의 관심을 끌려고 짖는 개, 주인과 떨어지는 분리불안(p.168 참고) 때문에 짖는 개도 있다. 게다가 다른 개가 짖는 소리에 이끌려 짖거나, 무료해서 짖는 경우도 있다. 즉, 개에게 짖는 것은 본능이며, 기쁨이고, 동료에게 위험을 알리는 행동이다.

개는 짖는 것 자체가 본능이므로 100% 짖지 못하게 하는 것은 불가능하다. 손님이 왔을 때 짖는 것도 경계행동이기 때문에 처음에 2~3회 정도 짖는 것은 정상적인 행동이므로 그냥 인정해야 한다. 또, 5분, 10분 계속 짖어도 주위에 그다지 피해가 없는 장소에서는 못 짖게 할 필요가 없다.

즉, 문제행동으로서 쓸데없이 짖는다는 것의 정의는 어디까지나 그것을 받아들이는 사람의 입장에서 문제가 되는 것이다. 가령 3분 정도 짖어도 주인이 시끄럽다고 느낄 때가 있고, 주인도 주위 사람들도 곤란하다고 느끼지 않아서 문제되지 않을 수도 있다.

짖는 것을 명령하면 스트레스도 줄일 수 있다

쓸데없이 짖는 것을 그만두게 하려면 개가 왜 짖는지 우선 그 원인을 찾는 것이 중요하다. 그 이유에 따라서 짖지 못하게 하는 방법도 달라지기 때문이다. p.163에 소개하는 개가 짖는 주된 이유와 짖지 않게 하는 방법을 참고하자.

또한, 못 짖도록 잘 길들여진 개도 계속 짖는 것을 참게 하는 것은 상당한 스트레스다. 반대로 「짖어」라는 명령을 기억시켜 짖어도 좋을 때 맘껏 짖게 해주는 것도 개의 스트레스를 발산시켜주는 좋은 방법이다.

● 쓸데없이 짖는 것을 못하게 하는 방법

case	방 법	
청소차 소리에 반응한다	청소차가 오는 날에는 소리가 안 들리는 방으로 옮긴다.	**Point** 원인을 제거한다
하교 때 아이들 소리에 반응한다	저녁 때에는 아이들 소리가 들리지 않는 방으로 옮긴다.	
손님이 올 때 현관으로 뛰어가 짖는다	펜스 등을 설치하여 현관으로 나가지 못하게 한다.	
사이렌 소리에 반응한다	사이렌 소리를 녹음하여 식사 줄 때, 놀아 줄 때에 작은 소리로 들려준다. 개가 신경 쓰지 않으면 조금씩 소리를 높인다.	**Point** 조금씩 익숙하게 한다
주인의 관심을 끌기 위해 짖는다	무시한다. 그만 짖고 얌전해졌을 때 말을 걸어 놀아준다.	**Point** 보상을 주지 않는다
손님이나 택배 배달원 등에게 끈질기게 짖는다	무시한다. 시선도 개가 아니라 손님이나 배달원에게 주면서 「지금 훈련 중이니 양해바랍니다」라고 부탁하고, 손님이 돌아간 후에는 개를 계속 무시하고 현관을 떠난다.	
손님이나 현관 벨소리에 짖는다	초인종이 울리면 「엎드려」나 「앉아」 등을 명령하고 그에 대한 포상을 준다. 엎드려 자세는 짖기 어려운 자세이므로 그렇게 명령하는 것은 효과적이다.	**Point** 서 있지 않은 자세를 칭찬하다
산책을 조르며 짖는다	산책하는 시간을 정해놓지 않는다. 산책할 때 드는 가방을 손에 잡는 것을 보고 안절부절 못하는 개에게는 산책 나가기 전의 준비(배뇨시트, 리드줄, 산책가방을 준비)를 해도 산책은 가지 않는 행동을 반복한다. 짖으면 산책을 가지 않는 것도 효과적이다.	**Point** 습관을 무너뜨린다
심심해서 짖는다	산책이나 운동, 노는 시간을 많이 만들어 욕구불만을 해소시킨다. 또, 혼자 놀 수 있는 장난감을 주거나 마당에서 기르는 개라면 땅을 파도 되는 공간을 만들어주는 것도 해결 방법이다.	**Point** 개의 환경을 넓힌다
여러 가지 이유로 짖으려고 한다 ※ 단, 무서워 짖는 개에게는 하지 않도록 한다. 이 경우에는 공포심이 심해지고 역효과가 날 수도 있다.	개가 짖고 싶다고 생각하는 순간에 동전을 넣은 빈 캔을 바닥에 던져 큰 소리가 나게 하는 등 개에게 「짖으려고 했더니 싫은 일이 일어났다」는 것을 느끼게 한다. 경우에는 주인이 했다는 것을 개가 모르게 할 것. 결코 개에게 시선을 주면 안 된다.	**Point** 충격요법으로 벌을 준다(p.153 참고)

공격성이 강하거나 공포심 때문에 무는 개도 있다

문제행동

개가 무는 것에는 여러 가지 이유가 있다

개의 문제행동 중에 가장 곤란한 것이 사람에 대한 공격, 즉 무는 행위이다. 개의 턱 힘은 강해서 소형견이더라도 진짜로 물리면 출혈이나 멍을 피할 수 없다. 대형견이라면 더 큰 피해를 입는다.

개가 무는 동기는 '이유가 있는 행동'과 '충동에 의한 행동'으로 나눌 수 있다. 이유가 있는 행동은,

① 영역을 침범 당했을 때의 공격
② 계급의식에 의한 공격
③ 공포 때문에 공격
④ 개끼리의 싸움을 말리는 사람을 무는, 공격 대상이 바뀌는 전가성 공격
⑤ 포식 행동
⑥ 강아지 때에 놀이나 응석으로 깨무는 버릇이 그대로 남아 있어 놀이로 무는 공격
⑦ 질병이나 상처 등 몸의 통증 때문에 공격
⑧ 간질 등의 발작적인 공격

등이다.
한편, 충동에 의한 행동은,
❶ 선제 공격
❷ 방어 공격
❸ 포식 행동

등 3가지로 분류된다.

견종에 따라서는 공격성을 강화시켜서 번식된 종류도 있고, 원래 타고난 기질이 원인인 경우도 있다. 그러나 일반적으로는 주인과의 관계, 기르는 방법에 문제가 있는 경우가 대부분이다.

성견의 공격성을 없애려면 전문가의 도움이 필요

물지 못하게 하려면 강아지 때 응석으로 무는 버릇을 그대로 방치하지 않는 것이 중요하다.

「강아지이니까, 그 정도로 아프지 않으니까」라고 그냥 내버려두면 성견이 되어도 입을 사용해서 놀기 때문에 물리는 상대는 참기 어려울 정도로 아프다.

또, 무는 버릇이 있는 성견의 경우, 이미 「물었을 때 자신의 상황이 좋아진다」는 것을 학습했기 때문에 그것을 고치려면 지금까지의 기억을 흐리게 하는 '탈감각요법'이 필요하지만 거기에는 올바른 지식과 기술, 끈기가 필요하다.

성견의 무는 버릇을 고치려면 행동치료를 전문으로 하는 수의사와 상담하는 것이 좋다.

:: 강아지의 응석 깨물기를 고치는 방법 ::

 강아지가 물면 「아파」하고 한마디만 하면 된다. 손을 빼고 무시한다. 앉아 있는 경우에는 일어선다.

 개가 포기하면 자리로 돌아온다. 또, 물면 ①을 반복한다.

※ 발 끝 등을 물어서 완전히 무시할 수 없을 때(아무래도 반응하게 된다. 또는 움직이게 된다 등)는 「아파」하고 한마디를 말하고, 1~2분 후에 그 방에서 나온다. 주인이 나갔을 때 장난이나 배설 실패 등이 걱정될 경우에는 「아파」하고 한마디 말하고 동시에 그 이상은 아무 말도 하지 않고, 강아지를 서클이나 케이지 안에 1~2분 넣어둔다(강아지가 안정될 때까지의 냉각기간. 가두어두는 벌은 아니다). 다시 물면 같은 방법을 반복한다.

● 강아지에게 응석으로 깨물지 못하게 할 때의 주의점

깨물어도 좋은 장난감을 준다	콩kong 등을 반나절 개 사료 봉지에 넣어두거나, 구멍 속에 마가린 등을 얇게 바른다. 이런 장난감을 강아지가 깨물 때에는 말을 걸거나 짧은 시간 함께 놀아줘서 「깨물고 갉아도 좋은 장난감은 깨물어도 좋다」는 행동을 장려한다.
손을 갖고 놀지 않게 한다	응석으로 깨무는 것을 고민할 경우에는 손을 갖고 놀거나(놀고 있을 때는 물게 둔다), 레슬링 흉내를 내는 등 개가 「손을 물어도 좋을지 물으면 안 되는지를 혼란스럽게 하는」 상황을 만들지 않는다.
놀이 중에 개가 흥분하기 시작하면 일단 놀이를 중단한다	흥분하면 무는 충동이 강해진다. 강아지가 흥분하기 시작하면 일단 놀이를 중단하고 진정되면 놀이를 다시 시작하여 「흥분해도 주인은 기뻐하지 않는다」는 것을 개에게 가르친다.
(어린이가 물릴 경우에는 특히) 어린이에게 올바르게 음식 주는 방법을 가르친다	강아지 머리 위에 간식을 내밀면 강아지는 뛰어오르고 그것을 무서워한 어린이가 손을 위로 빼면 강아지는 더욱 뛰어오르게 된다. 간식이나 장난감을 강아지에게 줄 때는 반드시 손을 접시처럼 위쪽으로 펴서 개의 턱 아래에 내밀듯이 준다.

문제행동

개가 뛰어오르는 것은 좋아하는 사람에 대한 인사

뛰어오르지 않아도 놀아준다는 것을 알려주자

 귀가한 주인을 향해 개가 뛰어오르는 것은 잠시 헤어졌다가 만난 주인을 보고 기뻐서 흥분하는 표현이다. 산책 중에 아는 사람을 만나거나 손님에게 기뻐서 뛰어드는 것도 「나는 당신을 좋아해요. 그러니 나와 함께 놀아요」라는 마음의 표현이라고 생각할 수 있다.

 그러나 개가 뛰어올라 다른 사람의 옷을 더럽히거나 개를 싫어하는 사람을 놀라게 하는 경우도 있다. 또, 개가 대형견이거나 어린이나 노인에게 뛰어오를 때는 생각지 못한 사고나 다치는 일로도 이어질 수 있다. 개 입장에서 보면 환영의 의미를 담은 행동이지만 사고를 피하기 위해서는 뛰어오르지 못하도록 길들여야 한다.

 또한, 평소에 그다지 관심을 가져주지 않는 개나 마당에 묶여만 있는 개는 뛰어오를 때마다 「하지마」라고 야단을 맞았거나 몸이 밀쳐지는 것을 경험했기 때문에, 반대로 「뛰어 올랐더니 주인이 말을 걸어주고 서로 밀치면서 놀아주었다」고 생각하여 뛰어오르는 것이 더 강화될 수도 있다.

 평소에 개와 충분하게 접촉하여 놀아줘서 「뛰어오르지 않아도 놀아준다」는 안도감을 주는 것이 중요하다.

스스로 우위성을 나타내기 위해 뛰어오르는 개도 있다

 환영의 의미로 뛰어오르는 행동 외에 매우 드물게는 마운팅 행동(p.22 참고)으로 뛰어오르는 개도 있다. 그것은 지배욕이 강한 개(특히 수캐)가 사람에게 뛰어올라 스스로 우위성을 나타내려는 행동이다.

개는 호의적인 마음으로 뛰어들어도 사람 중에는 개를 싫어하거나 무서워하는 사람도 있다. 개가 함부로 뛰어오르지 못하도록 길들이자.

:: 개가 뛰어오르지 못하게 하는 방법 ::

[주인과 눈이 마주치면 뛰어오르는 개의 경우]

1 말을 걸거나 시선을 맞추지 않고 등을 돌려 무시한다. 가까이에 벽이 있으면 벽을 향해 계속 무시한다.

2 개가 진정될 때까지 잠시동안 관심을 갖지 않는다.

3 뛰어오르는 것을 그만두고 진정되면 「앉아」를 지시하고 칭찬한다. 뛰어오르지 않아도 주인이 관심을 가져준다는 것을 가르친다.

[귀가했을 때 뛰어오르는 개의 경우]

1 귀가했을 때 아무리 개가 뛰어오르더라도 말을 걸지 말고 무시한다.

2 가방(또는 물건)을 제자리에 갖다놓거나 옷을 갈아입는 등 할 일을 모두 마친다.

3 개가 얌전해진 후에 「다녀왔다」라고 말을 걸고 칭찬한다.

문제행동

혼자 집을 지키면 울거나 난동을 부린다

여러 문제행동의 원인은 주인과 떨어져 있는 불안감

개는 무리를 져서 생활하는 동물이기 때문에 가족 모두가 외출해서 집에 혼자 있는 것을 매우 싫어한다. 허전함에 무서움이 더해져서 혹시 가족이 돌아오지 않을까 하는 혼자 남겨진 불안감으로 가득차게 된다. 그래도 대부분의 개는 불안해하면서도 얌전히 주인의 귀가를 기다린다.

그런데 이런 불안함에 특히 민감한 개는 주인이 나가고 없으면 계속 울거나, 가구·쿠션·쓰레기봉지 등을 뜯거나, 오줌을 싸놓는 경우가 있다. 그 중에는 식욕부진이 되거나, 심한 스트레스로 발이 문드러질 때까지 계속 핥아 지성피부염(舐性皮膚炎)을 일으키는 개도 있다. 이런 행동들은 모두 개의 행동학에서는 「분리불안」이라고 한다.

주인과 함께 있어도 나타나는 분리불안의 징후

원래 분리불안의 행동은 주인과 떨어졌을 때 나타나지만 이런 경향이 있는 개는 주인과 함께 있을 때도,

① 주인의 뒤를 쫓아다니고, 화장실이나 욕실에도 함께 들어가려고 한다.

● 분리불안의 3가지 타입

TYPE A 단순히 혼자 있는 것에 익숙하지 않다. 혼자인 적이 없다.	분리불안 중에서 가장 가벼운 증상으로 누군가 옆에 있어주면 해소된다. 서서히 혼자 있는 것을 훈련하면 고쳐진다.
TYPE B 혼자 사는 사람과 애착이 지나치게 심해서 그 사람과 떨어지는 것에 불안을 느낀다. 심한 분리불안.	주인과 개가 자립, 독립하지 않은 상태. 주인이 있는 상태에서 다른 방에 개를 넣어보는 등 몇 단계를 거치지 않으면 치료하기 어렵다.
TYPE B 개가 자신이 리더라고 생각하고 보호해야 할 동료(주인)가 일행을 놓쳤다는 불안함을 느끼고 있다.	주인이 확실하게 리더가 되지 않기 때문에 일어나는 문제이다. 주인 스스로 행동을 체크하여 관계를 재정립해야 한다.

> 독립심을 키우는 훈련이나 계획적인 외출 훈련을 한다(p.169 참고).

> 전문가의 상담이 필요하다.

② 쓰레기를 버리는 등 짧은 시간 외출에도 울음소리를 낸다.
③ 주인이 외출 준비만 해도 불안한 모습을 보인다.
④ 주인이 외출에서 돌아오면 이상할 정도로 기뻐한다.

등의 행동을 보인다.

분리불안의 원인으로는 타고난 기질도 영향을 미치지만 태어난 지 얼마 안 되어서 어미나 형제, 예전 주인과 헤어진 경험을 했거나, 반대로 주인과 늘 둘이서 함께 생활한 경우, 주인이나 사는 장소가 바뀌었을 때 등을 생각할 수 있다.

독립심을 키우는 트레이닝

[실내에서 쫓아다니는 개의 경우]

- 실내에서 자유롭게 키우는 개는 반드시 「앉아」를 지시한 후에 「이리 와」를 명령하여 따라오게 해야 한다.
- 방문을 이용하여 물리적으로 따라오지 못하게 한다.
- 케이지 트레이닝으로 주인이 집에 있을 때도 30분에서 1시간 정도 케이지에 들어가 있는 시간을 갖는다. 단, 혼자 집에 있을 때 처음부터 케이지에 넣는 것은 케이지를 싫어하게 되므로 피하는 것이 좋다.

[주인의 관심을 끌려고 우는 개의 경우]

「운다 = 주인이 놀아준다」라고 생각하지 않도록 개가 울 때는 무시한다. 반대로 얌전히 있을 때에는 부드러운 음성으로 「똑똑하네」, 「착하네」라고 말해준다.

계획적인 외출 트레이닝

[외출 트레이닝]

언제나 같이 외출 준비(옷을 갈아입고, 가방을 준비)를 하고 실제로는 외출하지 않는다. 나갈 준비를 했을 때 개가 안절부절 못하면 처음에는 10~20초 정도 현관 밖에 나가고 점차 시간을 늘려간다.

[외출 전, 귀가 후 15~20분은 개를 무시한다]

외출 전에 「갔다 올게」 등을 말하지 않는다. 귀가 후에도 개를 무시하고 자신의 일(옷을 갈아입거나 가방을 치운다)을 끝마치고 개가 안정된 후에 말을 건다.

다른 애완동물, 갓난아이에게 질투의 불꽃이 이글이글

문제행동

무엇보다 먼저 기르던 개를 위해 주고 귀여워하는 것으로 질투를 줄인다

정도의 차이는 있지만 모든 개는 파트너인 주인에게 애착심을 갖고 있다. 가능하면 그 애정을 독점하고 싶다고 생각하는 것은 자연스러운 일이다.

그렇지만 가족으로 새로운 애완동물이 들어오면 주인은 아무래도 새 애완동물에게 손길이 한 번 더 가기 쉽다. 그럴 때 먼저 기르던 개는 질투심 때문에 배설이나 파괴행동 등 여러 문제행동을 일으키거나 새로 들어온 애완동물을 못살게 구는 경우가 있다.

이 질투심을 줄이려면 주인에게 사랑받고 있다는 것을 개에게 분명하게 알리는 것이 중요하다. 그러기 위해서도 먼저 키우고 있던 개를 지금보다 더 귀여워하고 그 다음에 새로운 애완동물을 보살핀다.

또한, 새로운 애완동물이 개일 경우에는 시간이 조금 지나면 선배 개가 나름대로의 방법으로 가족의 규칙이나 예의범절을 후배 개에게 가르치려고 할 것이다. 때로는 새로 들어온 개의 목을 입으로 물기도 하고, 몸 위에 올라타는 경우도 생길지 모른다.

그러나 이것은 개들 사이에서 서열을 정하는 행동이다. 주인이 서툴게 개입하거나 선배 개를 야단치면 개들끼리의 사회질서가 흐트러지고 선배 개는 불안과 혼란을, 새로 들어온 개는 「자신이 더 귀여움을 받는다」고 착각하게 된다.

사람의 갓난아기도 질투의 대상으로

개가 질투하는 대상은 다른 애완동물뿐만이 아니다. 흔히 있는 일 중에 갓난아기가 가족으로 늘어난 경우다.

개한테 사람의 갓난아기는 몸집도, 움직임도, 목소리도, 지금까지 본 적이 없는 이상한 것이다. 「엄마가 잠시 없어졌다고 생각했는데 이상한 것을 데리고 돌아왔다」라는 불안함을 느낀다.

게다가 가족의 관심이 모두 새로운 가족에게 향하니 질투심 때문에 짖는 것은 당연한 일이다.

주인은 개가 외로움을 느끼지 않도록 예전과 다름없이 관심을 가져주어야 한다.

:: 갓난아기에 대한 질투심을 줄이는 방법 ::

태어나기 전에

아기가 태어나기 전부터 타월, 베이비파우더, 분유 등 아기 냄새에 익숙해지게 한다. 또, 출산시기가 가까워지면 아기와 같은 크기의 인형을 아기 대신 보고, 달래고, 옷을 갈아입히고, 목욕을 시키는 등의 모습을 개에게 보임으로써 갓난아기에 대한 경계심을 줄일 수 있다.

아기가 태어나면

아기에게 젖을 먹이고 있을 때는 개에게 개껌을 주거나, 아기를 안고 있을 때 개가 얌전히 기다리면 그 행동을 칭찬해주면 개는 「아기와 함께 있을 때 즐거운 일이 있다」고 기억하고 마치 강아지를 대하듯 아기를 귀여워하며 지켜주려고 한다.

하지 말아야 할 것

개가 아기에게 해를 주지 않을까 하는 불안함 때문에 아기를 숨기면 「뭔가가 있다」고 반대로 개가 호기심을 갖게 된다. 또, 아기가 다른 방에서 자고 있을 때만 개에게 관심을 가져주면 개는 「저 녀석만 없으면 사랑은 내가 독차지할 텐데」라고 느껴서 아기를 못살게 굴거나 내쫓으려고 한다.

문제행동

정신적으로 불안해지면 소변을 싼다

불안 요소를 제거하면 오줌 싸는 횟수도 줄어든다

이미 용변가리기를 할 수 있는 개도 어떤 계기로 다시 오줌을 싸는 경우가 많다.

그 원인의 대부분은 정신적인 불안이다. 이사를 가거나 집 안 모습이 바뀌는 등 주거환경이 변하거나, 가족의 누군가가 독립해서 집을 떠날 때 받는 스트레스나 외로움 때문에 오줌을 싸버리는 경우가 있다. 때로는 주인의 친구가 자고 가는 것만으로도 「평소와 무언가 다르다」고 느껴 실수하는 개가 있을 정도다.

특히, 9살 이상 나이 든 개는 정신적으로 불안해지는 경향이 심해진다. 게다가 방광의 괄약근도 느슨해지기 때문에 오줌을 싸는 경우가 많다.

개에게는 「주인이 곤란해지도록 오줌을 싸자」라는 등의 심술을 의도적으로 전혀 부릴 줄 모르므로 「어째서 실수했느냐」고 야단쳐도 의미가 없다. 야단맞으면 개는 더욱 불안이 심해져서 오줌 싸는 횟수가 늘어나는 경우도 있다.

원래 용변가리기가 길들여진 개라면 불안 요소를 제거해주는 것만으로 오줌 싸는 횟수를 줄일 수 있다.

흥분 잘하는 개, 자신 없는 개는 성견이 되어도 「희뇨」를

어린 강아지에게 「희뇨(기뻐서 오줌을 지리는 것)」의 경우가 많은 것은 매우 자연스러운 일이다. p.15의 칼럼에서 설명한 대로 성견이 되면 거의 대부분의 개는 고쳐진다.

그러나 드물게 성견이 되어도 희뇨 행동을 반복하는 경우가 있다. 그것은 아직 자신에게 스스로 자신이 없다는 증거이다. 주인에게 야단맞을 때 '죄송해요' 라는 의미에서 복종하는 행동으로 오줌을 싸는 것이다.

또, 그것과는 별도로 주인에게 귀여움을 받는 것이 너무 기쁜 나머지 환영하는 의미로 오줌을 싸는 개나, 조금만 흥분해도 오줌을 싸버리는 개도 있다.

주인의 귀가에 기뻐서 오줌을 싸는 경우에는 야단치지 말고, p.167에서 설명한 것처럼 개가 진정될 때까지 무시한 다음에, 「빨리 진정하면 관심을 가져준다」는 것을 개에게 가르치는 것이 중요하다.

:: 오줌 싸는 원인은 정신적인 불안과 흥분 ::

[실내 환경이 바뀌어서 화장실 장소가 바뀌었다]

[가족 구성원이 바뀌었다]

[몸과 마음에 상처를 입었다]

[집에 있는 손님 때문에 평소 분위기와 틀리다]

[흥분이 극에 달하여]

대처법

오줌 싸는 원인은 위의 내용처럼 주로 스트레스나 외로움 때문이므로 야단치지 말고 그 원인을 제거하는 것이 중요하다. 또, 질병 때문에 소변을 자주 볼 수도 있고, 화장실에 가지 못하고 오줌을 싸버리는 경우도 있으므로 우선 몸의 컨디션을 체크하자.

땅을 파고 방바닥을 긁는 것은 에너지를 발산하지 못했기 때문

문제행동

구멍 파는 행동 자체는 개한테 정상행동

「마당에서 놀게 했더니 화단도 현관 앞도 온통 구멍을 파놨어」——. 이것은 개가 저지른 곤란한 행동 때문에 주인에게 자주 듣는 불만의 목소리다. 한편으로는 행동욕구가 충족되지 않아서, 운동부족 등의 스트레스 때문에 구멍을 파는 개가 있다고도 한다. 그러나 대부분의 경우에는 「아무 할 일이 없어 무료하기 때문에」가 그 이유다.

또, 마당에 묶인 채 있는 개는 가족이 화단 손질을 한 다음날에 처음에는 호기심으로 구멍을 팠는데, 그것을 본 주인이 당황하여 마당으로 달려 나오는 것을 보고 「구멍을 파면 주인이 관심을 가져준다」고 깨달아 주인의 관심을 끌기 위해 구멍을 파는 경우도 있다.

구멍을 파는 것 자체는 개에게 있어서는 정상적인 행동이다. 특히, 테리어 계통의 개는 도망간 작은 동물(토끼나 여우)을 토굴로 몰아넣는 것을 잘하도록 오랫동안 번식되었기 때문에 구멍을 파는 것 자체를 좋아하여 그것으로 만족감을 얻는다.

또, 마음에 드는 것을 묻어두고 싶어하는 것도 개의 습성이다. 또한, 흙 속의 온도는 상온보다 변화가 적기 때문에 더울 때 구멍을 파서 배를 식히고, 추울 때 구멍을 파서 따뜻하게 하는 행동도 한다. 예전에 밖에서 개를 많이 기르던 시절에는 임신 중인 개가 주인이 만들어준 개집이 마음에 들지 않아 구멍을 파서 출산준비를 하는 행동도 자주 볼 수 있었다.

운동욕구를 충족시켜주거나 타협점을 찾아서 해결

개가 구멍을 파거나 방바닥을 긁는 것을 못하게 하려면 운동욕구나 작업욕구를 충분히 만족시켜줘서 개가 「무료함」을 느끼지 않아야 한다. 그러나 그렇게 하기 위해서 매일 2, 3시간 산책하는 것은 무척 힘든 일이다.

그렇다면 개의 욕구와 사람이 원하는 것 사이에 타협점을 찾아야 한다. 「구멍을 파는」 행동 대신에 깨물 수 있는 장난감을 주거나, 「여기는 구멍을 파면 안 되지만, 여기는 파도 좋다」라는 장소를 제공해주는 것도 하나의 방법이다.

::「구멍을 파고 싶은 욕구」와「파면 안 되는 장소」와 타협점을 찾는다 ::

개가 화단을 파헤치는 이유는 단단히 다져진 땅보다 파헤쳐진 땅이 부드러워 파기 쉽고, 주인이 무언가를 묻었다는 것을 알고 있기 때문이다. 그렇다면 처음부터 개에게「구멍을 파도 좋은 부드러운 흙으로 된 장소」를 만들어주자.

1. 개가 구멍을 파도 좋은 장소를 정해 그곳의 흙을 부드럽게 파헤쳐 놓는다.

2. 화단 등 구멍을 파면 안 되는 장소에는 덮개를 씌우거나 철사망으로 덮는 등「파면 좋지 않은 일이 일어난다」는 것을 개가 알도록 준비한다.

3. 개가 구멍을 파도 좋은 장소에 간식(개껌 등 썩지 않는 것)을 묻거나 개가 좋아하는 장난감을 조금 보일 정도로 묻어둔다.

4. 개가 구멍을 파도 좋은 장소에서 놀고 있을 때에는 말을 걸어 격려한다(=칭찬해준다).

아무리 해도 다른 개와 친해지지 않는 것은 왜일까?

문제행동

개마다의 성질을 이해하여 무리하게 다른 개와 놀지 않게 한다

산책에서 알게 된 낯선 개와 친해진 것을 계기로 주인의 발도 점점 넓어진다 ──. 이것은 자주 있는 이야기다. 그러나 그 중에는 다른 개를 무서워하거나 결코 가까이 하지 않는 개도 있다. 주인 입장에서 보면「다 같은 개인데 어째서 다른 개와 친해지지 못할까?」라는 의문만 커질 뿐이다.

이것은 사람들끼리도 마음이 맞고 안 맞는 사람이 있는 것처럼 개한테도「이 녀석만은 친해지고 싶지 않다」는 궁합이 있기 때문이다. 또, 각기 개의 성격이「친구가 많은 편이 즐겁다」고 생각하는 개가 있는가 하면「친구가 그다지 없어도 주인과 함께 있으면 그것은 별로 상관없다」는 개도 있기 때문이다.

「다른 개가 무섭다」,「주인 이외의 사람이 무섭다」는 것은 경험을 쌓아가면서 점차 해소되지만 개의 마음은 생각하지 않고 무리하게 다른 개와 친하게 지내도록 하면, 반대로 마음에 상처를 입고 두 번 다시 다른 개를 받아들이지 않을 수도 있다.

예를 들어, 기르고 있는 개가 다른 개를 무척 싫어한다고 해도 주인과 잘 지내면 특별한 문제는 생기지 않을 것이다.

다른 개와 친해질 수 없는 것은 사회화기를 지내는 방법에도 원인이

개가 다른 개와 친하게 지내느냐 못 지내느냐는 각각 개의 타고난 성격뿐만 아니라「사회화기」를 보내는 방법도 큰 영향을 준다.

사회화기란 생후 14, 15주까지 감수성이 풍부한 시기를 가리킨다.

이 사회화기는 앞으로 살아가면서 개의「허용 범위」를 결정짓는 시기이기도 하다. 그 기간에 어미나 형제 개들과 충분히 접촉하거나 길들이기 훈련에 참가한 개는 개들끼리의 인사방법이

사람과 마찬가지로 개한테도 자기하고 맞는 개가 있다.

나 놀이규칙, 상하관계의 중요성 등을 몸에 익히게 되므로 성견이 되어도 다른 개와 친하게 지내는데 별 어려움이 없다.

그러나 그 시기에 다른 개와 전혀 어울리지 않았던 개는 자신이 개라는 것을 깨닫지 못하고 개와 잘 사귀는 방법을 모른다. 그렇기 때문에 매일 얼굴을 대하는 몇몇 특정의 개와는 친하게 지내지만 첫 대면하는 개와 친해지는 것은 어려울지도 모른다.

극단적인 경우에는 산책 나가는 것조차 싫어하는 개도 있다. 개가 다른 개에게 거부반응을 나타내는 동안에는 무리하게 친해지도록 하지 말고 다른 낯선 개가 없는 산책길을 선택하도록 하자.

:: 사회화기에 해야 할 것 ::

[1마리만 기를 경우]

- 산책할 수 있기 전부터 안아서 데리고 나가 거리의 소음, 바람, 풀이나 꽃향기 등에 익숙하게 한다.
- 자동차, 드라이어, 현관 초인종, 청소기 등 소리나는 것에 익숙하게 한다.
- 외출할 수 있는 강아지 때부터 친구를 집에 초대하여 주인 이외의 낯선 사람과 접촉하여 우호적으로 어울리는 기회를 자주 갖는다.
- 길들이기 훈련의 강아지 클래스(p.98 참고) 등에 참가하여 다른 개와 어울릴 기회를 많이 만들고 개끼리의 규칙을 배우게 한다

[여러 마리를 기를 경우 2번째, 3번째로 집에 온 개의 경우]

사회화기에 주인이 1대 1로(먼저 기르던 개는 빼고) 똑바로 마주대하는 시간을 갖는다. 그렇게 하지 않으면 주인 명령에 따르는 것처럼 보여도 실제로는 사람의 말은 안 듣고, 먼저 기르던 개(리더개)의 흉내만을 내는 개로 될 수도 있다. 이런 경우에 리더가 없어지면 주인의 말을 듣지 않을 수도 있다.

자동차가 무섭다
드라이브는 정말 싫다

문제행동

서둘지 말고 시간을 들여
자동차 거부를 극복하자

개를 데리고 가족이 함께 드라이브를 ──.

애완견을 키우는 사람이라면 누구든지 동경하는 상황이다. 또, 대형견인 경우에는 전철이나 버스 등 공공 교통기관을 탈 수 없기 때문에 동물 병원에 데려가기 위해서도 개가 자동차에 익숙해지도록 하는 것이 중요하다.

그러나 그 중에는 자동차를 보는 것도 타는 것도 정말 싫어하는 개가 있다. 자동차를 무서워하거나(모르는 사물에 대한 공포), 기억하고 싶지 않은 아픈 경험이 있는 등 그 이유는 다양하다. 차멀미가 원인인 경우도 있다.

개는 사람보다 체중이 가볍기 때문에 조금만 흔들려도 몸이 심하게 흔들린다. 사람처럼 「자동차가 여길 지나면 다음에는 오른쪽으로 돈다」라는 것을 미리 알고 준비할 수도 없으므로 사실은 자동차 멀미를 하기 쉬울지도 모른다.

차멀미를 극복하려면 왜 싫어하는지 그 이유를 알아내는 것이 먼저다. 그리고 각각의 이유에 따라 대응해 나가야 한다(p.179 참고).

싫어하는 개를 무리하게 자동차에 태우려고 하면 공포심만 더 커질 뿐이다. 어떤 경우에도 서둘지 말고 시간을 들여 서서히 극복시키는 것이 중요하다.

개의 안전을 생각하면
조수석이 아니라 케이지 이동을

거리에서 때때로 조수석에 개를 태우고 가는 광경을 볼 수 있다. 창 밖에 얼굴을 내밀고 있는 모습은 사랑스럽고 그렇게 하고 싶은 주인도 많을 것이다.

그러나 창 밖에 머리를 내밀고 있으면, 커브길에 개만 흔들려서 튕겨 나가는 사고도 일어날 수 있다. 또, 바람을 직접 얼굴에 쏘이면 눈의 각막에 상처를 입을 위험성도 있다.

이런 위험성을 생각한다면 개는 케이지나 바구니로 옮기는 편이 안전하다.

또, 사람처럼 허기져 있거나 배가 너무 불러도 구토하는 원인이 된다. 장시간 드라이브할 경우에는 출발 1~2시간 전에 적은 양의 식사를 주고 나머지는 목적지에 도착해서 주는 등의 관리가 필요하다. 어린아이를 데리고 드라이브를 하는 것처럼 휴식을 자주 취하고 수분 보충과 용변을 보게 하는 것도 잊지 말아야 한다.

:: 자동차를 싫어하는 이유와 대응방법 ::

[사회성이 없고 자동차를 본 적도 없어서 무섭다]

대응방법
① 주차한 자동차 가까운 곳에서 즐거운 행동을 시키고 간식을 준다.
② 자동차 가까이에 있으면 다음에는 자동차 안으로 유도하고 문을 열어 놓은 채 「앉아」 등을 지시하고 간식을 준다.
③ 그 다음에 문을 닫고 「앉아」를 지시하고 간식을 준다.
④ 모든 것을 할 수 있으면 시동을 건다.

[자동차 안의 냄새가 싫다]

대응방법 향기가 나지 않는 냄새제거 제품을 사용하거나 창을 열어 냄새가 베지 않게 한다.

[차 안에서 들리는 큰 음악소리가 싫다]

대응방법 오디오 소리를 작게 하고 창을 열어 반사음을 작게 한다.

[자동차를 타고 가는 장소가 동물병원뿐이었기 때문에 「자동차를 타면 고통스런 일이 일어난다」는 경험으로 자동차가 싫어졌다]

대응방법 공원이나 광장, 친한 개와 만나는 길들이기 장소 등 즐거운 곳에만 데려가서 자동차에 대한 혐오감을 없앤다.

[자동차를 타면 기분이 언짢아진다, 멀미하기 쉽다]

대응방법 경치를 바라보는 것만으로 해결되는 경우도 있다. 그 경우에는 개전용 안전벨트를 착용한다. 흔들리는 것을 작게 하려면 케이지를 이용하는 것도 하나의 방법이다. 그 경우, 케이지를 2개 준비해서 만일 토할 경우에는 당황하여 소란피우지 않고 냉정하게 또 다른 케이지에 옮겨주면 개는 「토해도 주인은 긴 시간 달래주면서 보살펴주지 않는다」는 것을 학습하게 되어 토하지 않으려고 노력한다.

주워 먹기, 훔쳐 먹기를 그만두지 않는다

문제행동

식중독의 위험도 있는 주워 먹기는 절대로 못하게 한다

개는 본능적으로 썩은 냄새를 풍기는 음식을 좋아한다. 산책 중 길에 떨어진 음식은 「썩어 가는」것이 많고, 주워 먹고 싶은 유혹은 가는 곳마다 많이 있다.

때로는 정말 썩어서 위장질환이나 식중독을 일으키는 위험한 음식도 있다. 또 의도적으로 독극물을 넣은 동물학대사건 등도 각지에서 발생할 수 있으므로 절대로 주워 먹는 행동은 못하게 한다.

그러기 위해서는 우선 산책코스 선택에 신경을 써야 한다. 강가나 공원 등 썩은 음식이 떨어져 있을만한 장소는 대개 정해져 있다. 그런 장소에 갈 때에는 개를 자유롭게 걷게 하지 말고 항상 주인이 리드한다. 만일 개가 멈추서 냄새를 맡으려고 할 때에는 즉시 그 자리를 떠난다.

또 산책 중에 가끔 개 이름을 불러서 주인에게 주의를 집중하면 포상을 주도록 하자. 그것을 반복하면 개는 길에 떨어진 것을 찾는 것보다 주인에게 주의를 집중하는 쪽이 훨씬 더 좋은 일이라는 것을 배우고 점차 주워 먹는 행동을 하지 않게 된다.

주워 먹는 버릇을 고치는 최후 수단은 싫어하는 음식

주워 먹는 버릇이 아무리 노력해도 고쳐지지 않는 경우에는 개가 싫어하는 음식을 주워 먹게 하여 나쁜 버릇을 징계하는 방법도 있다.

미리 후추나 식초, 핫소스 등 개가 싫어하는 맛을 음식에 발라서 냄새가 지독한 음식물을 준비하고, 주인이 두었다는 것을 모르게 한 다음 마당이나 산책코스에 놓아둔다. 「마당이나 산책코스에 있는 것을 먹었더니 고통스러웠다」는 경험으로 주워 먹지 않게 될 것이다.

음식을 실내에 두지 않는 것이 훔쳐 먹는 버릇을 고치는 첫걸음

실내에 놓여 있는 음식을 훔쳐 먹는 버릇을 예방하려면 우선 개의 눈에 뜨이지 않는 곳에 음식을 두는 것이 기본이다. 남은 음식은 바로 치우고, 쓰레기는 깨끗이 처리하고, 쓰레기통은 확실하게 뚜껑을 닫는 등 철저하게 대비해야 한다.

또한, 개가 사람의 음식을 훔쳐 먹게 된 것은 평소에 주인이 식사 중에 식탁에서 음식을 주었던 것도 하나의 원인이다. 식사 중에 개가 테이블에 몸을 들이댈 때에는 바로 그 자리에서 「안 돼」하고 제지한다. 음식을 줄 경우에는 반드시 개 전용 식기에 담아서 주도록 한다.

훔쳐 먹기는 한번 성공하면 반복하게 된다. 이미 재미를 붙인 개는 충격요법(p.153 참고)으로 나쁜 버릇을 고칠 수밖에 없다.

:: 훔쳐 먹는 개의 심리와 대응방법 ::

[강가나 공원을 자유롭게 걷는 개의 경우]

마음에 끌리는 냄새가 나는 장소에서 멈춘다.

개한테 이끌려 주인도 멈춘다.

「여기서 냄새를 맡아도 괜찮구나」하고 판단한다.

그 장소에 냄새의 원인인(썩어 가는 것) 음식물이 있는 경우에는 먹어버린다.

대응방법 개가 냄새를 맡기 시작하면 그 자리를 즉시 지나쳐 간다.

[주워 먹는 버릇이 있는 개의 경우]

주워 먹으면 주인이 「앗, 으악」하고 크게 소란을 떤다.

주인은 개 입에 손을 집어넣어 필사적으로 음식을 빼낸다.

주인과 같이 노는 즐거움, 끌고 당기는 장난의 즐거움으로 주워 먹기를 반복한다. = 게임(주인과 경쟁하고 있다)

돌이나 나뭇가지 등 음식물이 아니더라도 주인의 관심을 끌기 위해 주워 먹는다.

대응방법 항상 냉정하게 대응한다. 나뭇잎이나 나뭇가지 등 건강에 영향을 끼치지 않는 것은 그대로 내버려둔다. 바닥에 떨어져 있는 것에 흥미를 나타내지 않을 때 말을 걸고 상을 준다.

주인은 나를 따라오니까 산책코스는 내가 정한다

문제행동

강아지 때 응석을 받아준 것이 리드줄을 끌어당기는 버릇으로

산책하는 모습을 보고 있으면 개가 리드줄을 끌어당겨 자신이 가고 싶은 방향으로 주인을 억지로 따라오게 하는 장면을 볼 수 있다.

강아지 때는 몸이 작기 때문에 정말 위험한 장소나 들어가면 안 되는 곳은 주인이 힘껏 리드줄을 잡아당겨 개의 행동을 억제할 수 있다. 그러나 체중이 30~40kg이나 되는 대형견이 성견이 되면 좀처럼 리드줄을 끌어당겨도 주인의 말을 듣지 않으므로 힘이 약한 여성이나 나이 든 사람은 개에게 끌려가다 다칠 수도 있다.

개가 주인의 말을 듣지 않고 리드줄을 끌어당기는 원인은 강아지 때부터 「어디로 가고 싶어?」 하고 주인이 개의 의향에 따라 개가 멈추면 주인도 멈추고 개가 달리면 주인도 달리는 산책을 했기 때문이다.

개는 처음부터 멋대로 한 것이 아니라 「내가

앞으로 빨리 나가려고 주인을 끌어당기는 버릇이 생기지 않도록 강아지 때부터 확실하게 길들이자.

Attention 주의

배변은 집 안에서도 밖에서도 모두 가능한 것이 이상적

개가 배설할 수 있는 곳은 안심할 수 있는 장소뿐. 그런 까닭에 '산책이 싫다', '밖이 무섭다'고 생각하는 개는 산책 중에 배설할 수 없다. 한편, 스스로에게 자신감이 있고, 자신의 우위성을 주변 개들에게 알리고 싶은 개는 밖에서 배설하는 것을 즐기기 때문에 집 안에서는 가만히 참는 경우도 있다.

이와 같은 것은 어느 쪽도 모두 문제다. 전자의 개는 산책길을 바꾸지 말고 서서히 밖에 익숙해지도록 해야 한다. 후자의 개는 산책 가기 전에 배설을 유도하여 실내에서 배변한 후 산책에 데려가면 실내에서도 밖에서도 배설할 수 있게 된다. 또, 양쪽 모두 산책 전에 배설을 했어도 몸을 움직이면 다시 배설하고 싶어지는 것이 자연스러운 일이기 때문에 밖에서 배설하는 것을 문제 삼을 필요는 없다.

가고 싶은 방향으로 주인도 따라온다」는 것을 학습하여 주장할 수 있는 것을 배웠던 것이다.

산책코스를 마음대로 바꾼다
단, 반복행동으로 하지 않는다

또한, 예를 들면 개가 리드줄을 끌어당기는 문제가 없어도 매일 산책코스가 정해져 있으면 개는 「다음에는 여기로, 그 다음은 여기. 여기서 앉고 엎드리면 되죠」라고 산책 자체를 반복행동으로 생각하게 된다.

그렇기 때문에 산책코스를 3~4 종류로 정하고 마음대로 바꾸어 변화 있는 산책을 시키자. 단, 밖이 싫어 산책을 무서워하는 경우에는 밖이 익숙할 때까지는 코스를 바꾸지 않도록 한다.

:: 리드줄을 끌어당기는 버릇의 대응방법 ::

산책할 때 리드줄을 끌어당기는 행동을 못하게 하려면 헤드카라head collar를 이용하는 것도 하나의 방법이다. 헤드카라는 코걸이nose loop와 목멜빵neck strap이라는 두 줄 고리로 개의 머리를 조정하도록 설계된 도구다. 작은 힘으로 개의 강한 힘을 억제할 수 있다.

 헤드카라를 씌우고 입 아래 부분에 리드줄을 건다.

 개가 리드줄을 끌어당기면 주인은 가만히 있어도 자연스럽게 개의 얼굴이 옆으로 향한다.

 얼굴이 옆으로 향하는 것이 개한테는 고통스런운 자극이 되므로 자발적으로 리드줄을 느슨하게 하여 주인 가까이로 돌아온다.

코걸이

목 멜빵

주의

헤드카라가 올바르게 씌워 있지 않으면 효과가 없다. 또한, 헤드카라를 한 채 리드줄을 끌어당기면 개의 얼굴과 목을 비틀어 올리게 되어 위험하므로 절대로 하면 안 된다. 가능하면, 사용 경험이 있는 수의사 또는 트레이너의 지도를 빌은 후에 사용한다.

개와 유대감이 깊어지는
텔링톤 터치 Tellington Touch

텔링톤 터치Tellington Touch로 개도 주인도 안정을 찾는다

보통은 주인 명령에 고분고분 따르는 개도 긴장하거나 초조하거나 냉정함을 잃은 상태에서는 「앉아」 등의 간단한 지시도 전혀 행동할 수 없게 된다. 그것은 정신적 긴장 때문에 근육도 굳어져서 자신의 능력을 발휘할 수 없기 때문이다.

그런 개의 몸과 마음을 함께 안정시키는 것이 텔링톤 터치Tellington Touch다.

텔링톤 터치란 1975년에 미국의 린다 텔링톤이, 사람을 태우고 달리는 것 때문에 정신적인 긴장을 강요받았던 강습 말의 정신안정을 위해서 개발한 자연요법의 마사지 방법이다. 그 후 그 효과가 포유동물에 전반에 활용될 수 있다는 것을 알고 개에게도 응용하였다.

손을 댔는지도 모를 정도의 부드러운 터치로

텔링톤 터치는 일반 마사지나 지압처럼 강한 힘이 필요 없다. 손을 댔는지도 모를 정도의 힘으로 전신을 마시지한다.

개는 만지면 아픈 곳이나 싫은 부위에 손이 가면 근육이 경련하기도 하고 움찔하고 몸을 움츠리기도 한다. 또한, 그와 같은 곳은 보통 다른 부분에 비해 체온이 낮다. 그 때 주인이 그것을 알아차리고 천천히 슬며시 손을 떼면 개는 「나의 '하지 마세요' 라는 메시지를 알아주었다」고 느껴 한층 주인을 신뢰하게 된다.

● 텔링톤 터치가 특히 효과적인 개

- 지나치게 짖는 개
- 경계심이 강한 개
- 겁쟁이로 겁이 많은 개
- 정신적으로 불안정한 개
- 신경질적으로 긴장하기 쉬운 개
- 스트레스가 많은 개
- 차멀미 하는 개
- 나이 많은 개
- 강아지

텔링톤 터치는 동물병원 대기실 등 긴장하기 쉬운 장소에서 하는 것도 효과적이다.

또한, 텔링톤 터치에는 관절염이나 피부병, 수술에 의한 외상, 그 외 많은 질병의 치유를 촉진시키는 효과까지 있다고 한다.

개를 기분 좋게 편안하게 해줌으로써 신뢰를 깊이 쌓을 수 있는 매일 10분 정도의 마시지 시간을 갖는 것이 좋다.

Tellington Touch Point
텔링톤 터치 포인트

  기본 동작은「1과 1 / 4주기의 원」

텔링톤 터치는 손끝으로 원을 그리듯이 만지는 것이 기본이다. 원을 그리는 방향은 항상 오른쪽 방향(시계방향)으로, 그리는 원은 시계의 6시 바늘부터 시작하여 1과 1 / 4를 돌아 9시에서 멈춘다. 그 때 그리는 원의 크기는 개의 몸집, 마사지할 부위의 면적에 따라 다르다. 또한, 다음 원으로 옮길 때에는 개의 피부 위를 미끄러지듯 이동하는 것이 아니라 일단 손을 떼고 다른 부위에 새로운 원을 그린다.

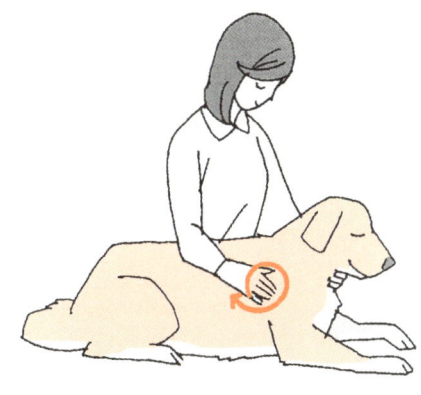

  손가락에 힘을 주지 말고 부드럽게 터치

손가락으로 강하게 누를 필요가 없으며 개의 피부가 조금 움직일 정도의 부드러운 힘으로도 충분하다. 강도를 확인하려면 자신의 감은 눈 위에 손 끝을 얹고 원을 그리듯이 슬며시 움직여본다. 그 때 눈꺼풀 피부는 움직이지만 안구에는 압력을 느끼지 않는 정도가 적당한 힘이다.

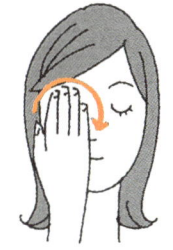

 주인 자신이 편안히 긴장을 푼다

개의 긴장을 풀기 위해서는 주인 자신도 편안히 긴장을 푸는 것이 중요하다. 터치할 때 주인이 숨을 멈추면 개는 「무슨 일이라도?」하고 반사적으로 긴장해버린다. 주인도 개도 편안히 긴장을 풀 수 있는 장소에 느긋하게 앉아 온화한 마음으로 마사지한다.

 소요시간은 10분 정도

소요시간 기준은 1회 10분 정도. 단, 소형견과 대형견은 마사지하는 면적이 다르므로 소요시간도 다르다. 어느 쪽이든 징시긴 하는 것보다 5분이라도 집중해서 하는 쪽이 효과석이냐. 개가 익숙해시년 매일 하는 것이 이상적이지만 처음에는 1주일에 2~3회 정도로 충분하다. 「오늘은 얼굴과 귀를 중심으로」, 「오늘은 허리부터 뒷발, 꼬리까지」 날마다 집중적으로 마사지할 부분을 바꾸어도 좋다.

Tellington Touch 실천편

 [우선 간단한 터치부터]

지금부터 몸에 터치한다는 것을 개에게 알리기 위한 간단한 터치. ① 목부터 앞발 끝까지 ➡ ② 목부터 꼬리 끝까지 ➡ ③ 목부터 뒷발 끝까지를 천천히 쓰다듬어 내려간다. 피부가 차갑게 느껴지는 부위나 개가 움찔하며 몸을 움츠리는 부위가 있는 경우에는 슬며시 손을 뗀다. 그것을 2~3회 반복한다.

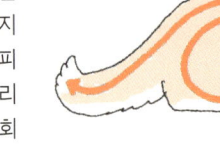

 [텔링톤 터치를 시작]

자주 쓰지 않는 쪽의 손(보통 왼손)을 부드럽게 개의 몸에 붙이고, 자주 쓰는 손(보통 오른손)으로 1과 1/4 둘레의 원을 그려간다. 하나의 원을 다 그렸으면 슬며시 손을 떼고 위치를 이동하여 다시 원을 그린다. 그것을 온몸에 반복한다. 원을 그리는 속도는 천천히 한다. 빠르게 원을 그려도 효과는 없다.

터치 방법

① 기본 터치 (중간 정도의 원을 그릴 때)
엄지 이외의 네 손가락의 제1관절을 사용한다

② 좁은 부분에 터치 (작은 원을 그릴 때)
엄지 이외의 네 손가락 끝을 사용한다

③ 넓은 부분에 터치 (커다랗게 원을 그릴 때)
손바닥 전체를 사용한다

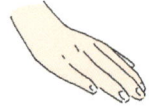

- 얼굴 주변은 손가락 끝을 사용하여 작은 원으로(귀는 p.187 참고)
- 등, 몸통은 중간정도의 원으로
- 개가 간지러워하는 곳은 손가락 끝으로 작은 원을 그려서 주변 부위까지 자극을 준다
- 꼬리는 손으로 들어올려 전체를 오른쪽으로 돌린다(p.187 참고)
- 개가 싫어하지 않으면 발바닥 쿠션 사이도 작은 원으로
- 배는 손바닥 전체를 사용하여 커다랗게 원을 그린다
- 네 다리는 발 두께에 맞춰 원으로
- 발끝은 손바닥으로 감싸듯이 쥐고 오른쪽으로 회전시킨다 (p.187 참고)

[귀를 만질 때]
※ 개가 긴장하고 있을 때는 한쪽 손으로 머리를 쓰다듬으면서 다른 한 손으로 터치한다.

가지런히 모은 네 손가락과 엄지 사이에 귀를 끼우고 귀가 시작되는 부위부터 귀 끝을 향해 조금 바깥쪽으로 당기듯이 귀에 자극을 준다.

다른 쪽 손바닥을 귀 안쪽에 넣고 겉쪽을 손가락 끝으로 작게 원을 그린다. 이 때도 귀가 시작되는 부위부터 서서히 귀 끝으로 맛사지한다.

귀 뿌리부분 즉, 귀가 시작되는 부위를 손바닥으로 감싸듯 쥐고 귀 전체를 움직여 원을 그린다.

[발을 만질 때]
※ 발끝은 민감한 부분이므로 갑자기 만지지 말 것.

한 손을 등에 두고 다른 한 손으로 어깨 끝부터 발이 시작하는 부위부터 발끝까지 천천히 작게 원을 그리면서 만진다.

발끝까지 왔으면 그 끝을 손으로 감싸 넣듯 쥐고 관절 전체를 천천히 돌린다.

개가 싫어하지 않으면 발바닥 쿠션 사이도 작게 원을 그린다.

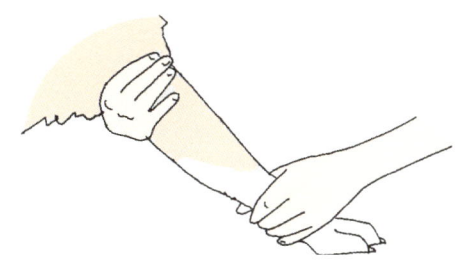

[꼬리를 만질 때]
※ 꼬리 만지는 것을 싫어하는 경우에는 무리해서 억지로 하지 말고 준비운동하듯 단지 쓰다듬어주는 것부터 서서히 익숙해지도록 한다.

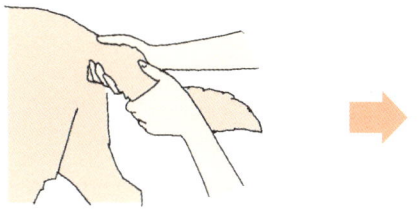

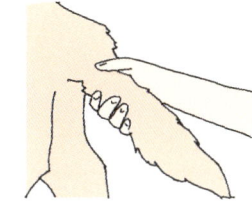

꼬리 전체를 잡고 오른쪽 방향으로 원을 그린다.

꼬리가 시작하는 부위부터 끝으로 감싸 넣듯 쥔 손을 이동한다. 또한, 꼬리를 조금 뒤로 잡아당긴다.

엉덩이나 꼬리, 발 끝, 얼굴 주변을 만지는 것을 싫어하는 개도 많으므로 우선 등줄기를 만지는 것부터 익숙해지도록 한다. 무리하게 강요하지 말고 개가 「이 터치는 기분이 좋다」고 느끼게 될 때를 기다릴 것. 또한, 몸을 만지는 것 자체를 싫어하는 공격성이 강한 개, 겁쟁이 개인 경우에는 털을 가볍게 당겨 피부에 자극을 주는 것부터 시작하고 충분히 익숙해지면 텔링톤 터치로 바꾼다.

칼럼 Column

치료견 활동이란

훈련이 잘 된 애완견을 매개체로 활용하여 정신적 또는 신체적인 질병이나 장애가 있는 사람들의 기분 개선, 여가 활동, 치료 등에 도움을 주는 활동이다. 치료견 활동은 크게 AAA(Animal-Assisted Activities)와 AAT(Animal-Assisted Therapy)로 나누어진다. 이 중 AAA 활동은 주로 자신의 애완견과 함께 참여하는 자원봉사자들에 의해 실시된다.

●AAA(Animal-Assisted Activities) 치료견활동(동물보조활동)

정의 AAA는 활동 대상의 의욕개선, 교육, 여가 선용 또는 치료 등에 도움을 줘서 삶의 질을 향상시키는 기회를 주는 활동이다. 전문적인 치료라기보다는 동물을 만나서 같이 즐거운 시간을 보내는 정도의 활동으로서 주로 불특정 다수를 대상으로 비슷한 활동이 반복된다.

특징 매번 방문활동을 할 때마다 특별한 목적이 정해져 있지는 않다. 세부적인 활동기록을 꼭 기록하지 않아도 되고, 활동시간은 필요에 따라 조정이 자유롭다.

●AAT(Animal-Assisted Therapy) 치료견요법(동물보조요법)

정의 AAT는 종합적인 치료과정의 하나로 동물이 개입되는 확실한 목적이 있는 목표지향적 활동으로서, 의료·교육·사회복지 분야의 전문가가 감수하거나 직접 실시하는 활동이다. AAT는 신체적, 사회적, 정서적 또는 지각이나 인지와 관계되는 능력이나 기능을 개선하고 발달시키기 위해 계획적으로 실행된다. 이 활동은 철저히 기록되고 평가되는 과정이다.

특징 활동대상의 각 개인별로 단기적, 장기적인 목표가 있다. 변화나 개선이 측정된다.

6 사람과 개와의 관계

개의 성격은 주인의 얼굴
개에게서 가족관계가 보인다

가족의 일원

개를 안정시키려면 가족이 안정되는 것이 중요

개는 무리를 짓는 동물이다. 만일, 그 무리가 싸움이 끊이지 않고 보스의 명령이 통하지 않는 불안정한 상태일 경우에는 구성원은 사냥감을 잡을 수도 없고, 잠을 잘 수도 없으며, 안심하고 생활할 수도 없다. 당연히 정신적으로 초조해지고 안정할 수 없게 된다. 그러므로 개가 안정하려면 무리의 안정이 빼놓을 수 없는 조건이다.

오늘날 개한테 무리란, 즉 가족이다. 그렇기 때문에 가족의 유대관계가 깊은 가정에서는 안정되어 주인의 지시를 따르는 「말 잘 듣는 착한 개」로 키워진다. 반대로 가족이 제각기 지내거나, 위계질서가 불안정하면, 개는 안정을 잃고 주인의 지시에 따르지 않는 개로 자라는 경우가 많다. 그 뿐만 아니라 물거나 짖거나 하는 등의 문제행동을 일으키기도 한다.

즉, 개의 모습을 보면 가족관계를 알 수 있다. 행복한 가정생활을 바라는 것은 사람만이 아닌 것이다.

개의 문제행동은 가족 관계를 다시 돌아보는 계기

개가 문제행동을 일으켰을 때, 「내가 기르는 방법이 잘못되었을지도 모른다」고 침울해하는 주인이 있다. 물론 문제행동을 일으키는 개와 주인과의 관계에는 잘못된 대응이 반복되었던 케이스가 많다.

그러나 개의 성격을 결정하는 것은,
① 견종마다 오랜 기간 이어온 체질이나 성질
② 주인과의 궁합
③ 타고난 개성
④ 가족 구성
⑤ 1마리를 키우는가, 여러 마리를 키우는가
⑥ 실내에서 키우는가, 밖에서 키우는가
등 여러 가지 요소가 영향을 미친다.

만일, 개가 문제행동을 일으켰다고 해도 침울해할 것이 아니라 무엇이 문제행동의 원인인지, 무엇을 개선하면 개의 마음이 안정되는지를 잘 생각해보아야 한다.

이렇게 함으로써 기르는 방법과 동시에 가족의 관계도 다시 한 번 생각해 볼 수 있는 계기가 될지도 모른다.

:: 가족관계와 개의 성격 — 이런 가족에게는 이런 개가 자란다 ::

 CASE 1

아버지를 중심으로 위엄있게 가족을 이끄는 가정

▶

아버지를 중심으로 어머니, 아이들의 서열순위가 확실하고, 특히 아버지의 지시에 절대 복종. 반듯한 성격이 된다.

 CASE 2

아버지, 어머니, 아이들이 친구처럼 사이좋은 뉴패밀리 타입의 가정

▶

특별하게 아버지, 어머니, 아이들의 서열순위가 없지만 모든 가족의 지시를 평등하게 받아들이는 온화한 성격이 된다.

 CASE 3

아버지, 어머니, 장난꾸러기 초등학교 남학생 3형제가 있는 가정

▶

형제의 막내와 같은 존재가 된다. 자신이 먼저 「놀자」고 자주 조르고, 아이들과 함께 뛰어 노는 건강한 성격이 된다.

 CASE 4

정년퇴직하고, 자식들도 모두 독립한 노부부만 사는 가정

▶

집 안에 흥분할 요소도 적고, 얌전하게 있어도 관심을 충분히 가져주기 때문에 안정된 성격이 된다.

 CASE 5

부부사이에 싸움이 끊이지 않는 가정

▶

무리가 안정되어 있지 않기 때문에 혼란과 갈등을 일으켜 물거나 짖는 등 문제행동을 일으키기 쉽다.

가족과의 이별은 개에게 최대의 쇼크

가족의 일원

성견이 된 후에 이별하면 우울증을 일으킬 수도

개한테 신뢰할 수 있는 리더이고 애정의 대상이기도 한 주인은 누구보다도 중요한 사람이다. 행복한 생활을 보내는 모든 개는 말로 표현할 수 없지만,「이 주인 밑에서 영원히 같이 살고 싶다」고 틀림없이 생각하고 있을 것이다.

그러나 결혼이나 이혼 등의 가족상황의 변화, 이사, 재해, 더욱이 주인이 먼저 세상을 떠나는 경우 등 가족의 상황이나 환경이 변화하거나 어쩔 수 없이 대신 키워줄 사람을 찾아야 하는 상황이 생길 수도 있다.

생후 7~12주 사회화기의 강아지가 새로운 주인과 익숙해지는 것은 그리 어려운 일은 아니지만, 성견이 되고 나서 헤어지는 것은 원래 주인과의 관계가 깊으면 깊을수록, 함께 산 시간이 길면 길수록 개가 느끼는 충격은 몹시 크다. 식욕을 잃거나 산책을 싫어하거나 지나치게 무서워하는 등 그 중에는 우울증과 같은 증세를 보이는 개도 있다.

이렇게 「애정의 대상을 잃어버린 슬픔」은 함께 자라던 애완동물이 죽었을 때도 일어난다.

새로운 리더의 애정이 애정 결핍을 채워준다

리더와의 이별을 경험했던 개가 다시 회복하려

습성 Habit

세상을 먼저 떠난 주인을 잊지 못한다

이것은 미국에서 실제로 있었던 이야기다. 교통사고로 주인을 잃은 개가 동물보호단체의 소개로 새로운 주인을 찾게 되었다. 새로운 주인은 백인의 젊은 커플. 처음에는 침울했던 개도 부부의 애정으로 서서히 건강을 되찾아갔다.
평온한 생활이 수년 간 계속되던 어느 날, 개를 데리고 부부가 공원을 산책하고 있었는데, 그 개가 갑자기 맹렬히 달리기 시작했다. 개가 멈춰선 앞에는 몸집이 크고 나이 든 흑인남자가 서있었다. 떨어져 나갈 정도로 꼬리를 흔들면서 노인에게 가까이 다가간 개. 그러나 노인의 얼굴을 올려다보자마자 개는 흔들던 꼬리를 내리고 털썩 그 자리에 주저앉아버렸다.
그 개의 원래 주인은 몸집이 큰 흑인남자 노인이었다. 그 개는 새로운 생활을 행복하게 지내면서도 전 주인을 잃은 슬픔을 잊지 못했던 것이다.

면 다소 시간이 걸린다. 그러므로 기분전환을 시켜주고 싶다고 해서 무리하게 산책을 데려가지 말고, 개가 새로운 환경에 익숙해질 때까지 잠시 동안은 개의 페이스대로 생활하도록 내버려둔다.

게다가 새 주인은 자상한 배려와 애정으로 대하면서 개가 신뢰하고 애정관계를 맺을 수 있는 리더가 되는 것이 중요하다. 식사를 주거나 함께 놀아주거나 산책을 거부하지 않게 되면, 산책을 데리고 나가서 서서히 신뢰관계를 맺도록 노력하자.

애정 결핍을 채워주는 것은 새로운 애정 밖에 없다 ──. 그것을 명심하고 대해주면 마침내 개도 새로운 리더에게 마음을 열고 다시 건강해질 것이다.

:: 며칠 간 개를 남겨두고 외출할 때 ::

만약 며칠 간의 여행 때문에 주인과 헤어지는 것은 개를 불안하게 만든다. 커다란 쇼크를 주지 않도록 사전 준비가 필요하다.

[애완견 호텔에 맡기는 경우]

- 미리 시설을 둘러보고 시설이 깨끗한지, 직원들이 개를 어떻게 다루는지, 산책 등을 시켜주는지 등을 확인한다.
- 여행을 떠나기 1~2주 전에 하룻밤 개를 애완견 호텔에 지내게 하고, 다음 날 데리러 간다. 「주인은 반드시 데리러온다」는 안도감을 심어준다.
- 맡기는 날에는 언제나 사용하던 쿠션이나 장난감, 음식 등을 갖고가 개의 불안을 덜어준다.

[애완견 보모 pet sitter 에게 맡기는 경우]

- 주인이 있는 상태에서 애완견 보모를 오게 하여 개를 어떻게 다루는지, 개와의 궁합은 어떤지를 확인한다.
- 산책시간이나 코스, 식사시간과 양, 배변처리 등 부탁할 서비스를 애완견 보모에게 전달한다.

[친구 집에 맡기는 경우]

- 평소에 그 개를 잘 알고 있는 친구나 개를 데리고 놀러간 적이 있는 집을 선택한다.
- 개를 데리고 몇 번 놀러가서 친구와 개를 집에 남겨두고 1~2시간 정도 주인만 어디론가 나가본다.
- 맡기는 날에는 사용하던 쿠션이나 장난감, 음식 등을 가져가서 개의 불안을 덜어준다.

익숙해진 집에서 지내고, 이전부터 알고 있는 애완견 보모에게 도움을 받을 수만 있으면 개의 스트레스는 한층 적어진다.

사회에 공헌하는 작업견 working dogs

사회의 일원

주인과 함께 있어서 행복하다
일하는 것이 곧 기쁨

옛부터 사냥개, 양치기 개, 집 지키는 개 등 사람을 위해 일해왔던 개들.

그 성향은 지금도 계속 이어져 내려와 타고난 예민한 후각과 청각을 이용하여 안내견(시각장애인을 도와주는 개), 보청견(청각장애인을 도와주는 개), 재활보조견, 경찰견, 마약탐지견, 재해구조견, 눈사태구조견, 산림구조견 등 다양한 분야에서 사람들에게 도움을 주고 있다.

열심히 일하는 개들은 매일 신경을 쓰기 때문에 불쌍하다고 생각하는 사람도 있다. 그러나 그 일을 하는 개들은 항상 주인이나 조련사(지시를 내리는 사람)와 같이 행동하고, 훈련으로 몸에 익힌 능력을 발휘할 때마다 칭찬을 받는다. 또한, 개한테는 본래 작업욕구가 있어 일을 함으로써 충분히 만족감을 느낀다.

수명도 작업견이라서 단명한다는 통계는 없다. 반대로 가정에서 키우는 래브라도 리트리버나 골든 리트리버의 평균수명이 13년 정도지만, 매년 건강진단을 받고 10살 전후로 나이가 들면 안내견을 은퇴하는 래브라도 리트리버나 골든 리트리버 중에는 15~17년이나 사는 개도 많은 것이 사실이다.

작업견이 일하기 쉬운
환경을 만들어주자

리더가 하는 말을 모두 이해하고 지시를 따르는 머리 좋은 개 ── 이것이 일반적인 작업견들에 대한 생각일지 모른다.

그러나 그들은 각각 그 일에 적성이 있고, 그 능력을 훈련을 통해서 발휘할 뿐「무엇이든지 할 수 있는 슈퍼 독」은 아니다.

작업견들은 일하는 중에는 짖지 않도록, 음식물에 유혹당하지 않도록 훈련받았기 때문에 하찮은 것에는 동요하지 않는다.

그렇다고 하여 일부러 개를 화나게 하거나, 먹이를 흩뿌리거나, 장난치는 것은 옳지 않은 행동이다. 길에서 작업견을 만나도 말을 걸거나, 자신의 개를 가까이 다가가게 하거나 하지 말고 그들이 일하기 쉬운 환경을 만들어주자.

:: 주목을 집중시키는 도우미견 service dog ::

[안내견]
시각장애인의 눈을 대신하여 도로의 턱이나 장애물, 횡단보도 등을 시각장애인에게 알린다. 한국에서는 현재 전국적으로 약 44마리(2003년 현재)의 안내견이 활동 중이다.

[보청견]
청각장애인의 귀를 대신하여 현관초인종, 전화, 자명종 시계소리, 주전자 물 끓는 소리, 화재경보기 등의 소리를 알린다. 한국에서는 삼성카드장애인 도우미견센터가 2003년 1월에 세계도우미견협회(ADI)에 회원으로 가입하였다.

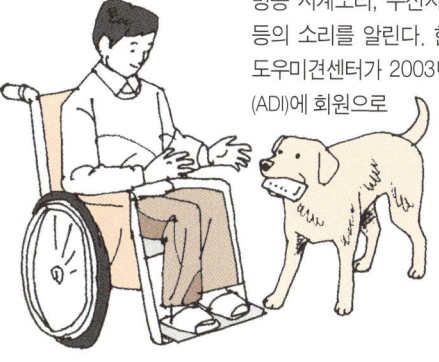

[재활보조견]
신체장애인의 손발이 된다. 떨어진 것을 줍거나, 냉장고 안의 물건을 옮기거나, 문을 열고 닫는 등 신체장애인의 장애내용에 따라 일의 내용도 다양하다.

능력 Abillity

도우미견 service dog 에 대해서

보조견의 선진국인 미국에서는 안내견, 보청견, 재활보조견 등 이 세 종류를 합치면 약 1만 4000마리 이상 활약하고 있다고 한다. 일본은 50년 이상의 역사가 있는 안내견조차 900마리 정도다. 보청견과 재활보조견은 각각 열 몇 마리라는 것이 현실이다. 그러나 한국은 애견선진국에 비하면 그 숫자가 미미하다. 보조견의 육성에는 막대한 노력과 비용이 들기 때문에 하루아침에 그 수를 늘릴 수 없는 것도 사실이다.
장애인의 일상생활을 도와 자립할 수 있도록 도와주고, 사회참여를 쉽게 해주며, 생활의 질을 향상시키기 위해서도 그 중요성은 높아지고 있다. 일본은 마침내 그 중요성을 깨닫고 2002년 5월에는 「신체장애인 보조견 법안(통칭·보조견법)」이 가결되어 성립되었다. 시행된 10월부터는 점차 「숙박시설이나 음식점, 공공교통기관은 개와의 동반을 거절해서는 안 된다」는 것이 법적으로 명기되었다.
이제 한국도 사회전체가 그 중요성을 이해하고 후원체제를 갖추는 것이 급선무라고 생각한다.

개가 가져다주는 육체적, 정신적 평온함

동물의 존재가 질병치료에도 이용된다

「동물을 쓰다듬거나 바라보는 것만으로 혈압이 안정된다」── 신문, 잡지, TV를 통해서 이와 같은 정보를 들어본 적이 있을 것이다.

이것은 원래 사람 중에 동물의 평온한 모습을 보면 안심된다는 태고의 피가 흐르고 있기 때문이다. 예를 들면, 초식동물이 편안하게 물을 마시는 것은 가까이에 적(육식동물)이 없다는 증거이기 때문에 안심할 수 있고, 반대로 숲에서 새가 파닥거리며 날아오르는 것을 보면 가까이에 포식동물이 오고 있다는 것을 느껴 정신적으로 동요되어 불안을 느낀다고 한다.

즉, 이러한 감정은 우리 선조가 숲에서 살던 때부터 머릿속에 박힌 본능에 가까운 것이다.

우리들의 이런 감정을 이용한 것이 AAT(Animal Assisted Therapy, 동물보조요법, 치료견요법)이나 AAA(Animal Assisted Activities, 동물보조활동, 치료견활동)이라고 불리는 활동이다(p.188 참고).

AAT는 의료관계자가 관여하여 목적을 갖고 동물을 이용하는 프로그램이고, AAA는 동물과의 접촉으로 스트레스를 발산시키거나 노인이나 장애인에게 자립심을 일으키는 레크리에이션과 같은 활동을 가리키는데, 이들의 활동범위가 점차 넓어지고 있다.

주인이 개한테 받는 여러 가지 은혜

AAT나 AAA에서 개가 활약하려면 불안정한 자세로 안겨도 동요하지 않고 갑자기 뒤에 사람이 와서 부딪쳐도 평정심을 잃지 않는 등 수많은 적성검사가 있는데, 우량 애완견도 그 기준을 통과하기는 어렵다고 한다.

그러나 그런 특별한 활동을 하지 않아도 개는 주인에게 충분히 평온함을 가져다준다.

예를 들면, 개를 키우고 있지 않을 때와 비교해서 데리고 있을 때 낯선 사람과 대화를 나눌 기회가 많아진 것을 경험했을 것이다. 이것은 개를 통해서 대화 소재가 늘어나고, 주인의 사회성이 높아진 전형적인 예일 것이다. 그 외에도 p.197에 설명한 내용처럼 개는 여러 가지 효과를 주인에게 주고 있다.

:: 애완동물에게 받는 다양한 은혜 ::

유럽과 미국의 AAT(동물보조요법)이나 AAA(동물보조활동)의 연구자는 애완동물이 사람에게 주는 효과로서 다음 내용을 설명하고 있다.

[사회성 개선]
- 애완동물이 윤활유가 되어 가족 간의 대화가 늘었다.
- 애완동물을 데리고 있으면 낯선 사람과도 자연스럽게 커뮤니케이션의 범위가 넓어진다.

개와 산책에서 만난 사람들이 「○○이 아빠」, 「△△이 엄마」하고 서로 부르면서 이웃의 범위가 넓어진다.

[정신적 작용]
- 정신적 충격을 받았을 때 애완동물을 기르는 사람과 기르지 않는 사람 사이에는 병원에 가는 횟수에서 큰 차이가 있다고 한다.
- 동물을 키우는 것으로 주인은 자존심이나 책임감, 자립심, 안도감 더불어 「누군가에게 도움을 주는 기쁨」을 느끼고 스트레스나 고독감이 줄어든다.

어린이에게 애완동물을 보살피게 하는 것은 책임감이나 자립심을 높이고, 정신적인 성장을 촉진시키는 계기가 된다.

[생리적·신체기능적 작용]
- 애완동물을 키우는 사람은 기르지 않는 사람에 비해 수축기혈압 및 혈청중성지방치수가 낮고, 심근경색 후 1년간 생존율이 높다.
- 동물을 보살피는 노인은 그렇지 못한 노인에 비해 동물에게 말을 걸기 때문에 말하는 횟수가 많다(자발성을 불러일으킨다).

「사랑하는 애완동물을 어루만지고 싶다, 보살펴주고 싶다」는 바람이 병을 빨리 회복시키는 효과도 있다.

개의 행복은 모든 것이 주인의 몫

사회의 일원

이제 야생으로는 돌아갈 수 없다
개는 사람이 책임져야 할 동물

개는 지금까지 몇만 년을 걸쳐서 우리 인간사회에 받아들여진 동물이다. 말이나 소, 양 등과는 달리 전 세계 어디를 찾아봐도 「야생 그대로」의 개는 존재하지 않고, 이제 와서 야생으로 돌아갈 수도 없는 동물이다.

즉, 개의 행복은 사람과 더불어 살아가야만 얻을 수 있으며, 보호해줄 주인이 없으면 이루어질 수 없는 것이다. 다시 냉정하게 말하면, 사람이 모든 책임을 져야 할 동물이라고도 말할 수 있다.

그리고 개한테 행복이란 식사나 산책을 시켜주는 것만이 아니다. 깊은 신뢰관계로 맺어진 주인과 함께 지내면서 명령에 따르고, 기뻐하고, 인정받는 것이다. 그것이야말로 개가 사는 보람이라고도 할 수 있다.

개가 행복하게 살아갈 수 있는지의 여부는 주인의 몫이다. 그것을 항상 명심하고 즐겁게 애완동물을 기르면서 생활하도록 하자.

감수 | 미즈코시 미나[水越 美奈]

수의사. 일본 수의축산대학 졸업 후, 7년 간 동물병원 근무를 거쳐,
동물행동치료와 동물복지를 배우기 위해 미국으로 유학.
세 곳의 행동클리닉에서 행동치료학을, 샌프란시스코와 덴버의 동물보호소에서
동물복지, 길들이기, 보청견훈련 등을 연수.
귀국 후, 행동치료를 전문으로 하는 「P.E.T.S. 행동컨설테이션스」를 주재하고
왕진을 기본으로 한 카운슬링과 길들이기 교실,
주인과 수의사를 대상으로 세미나 등을 실시하고 있다.
(재)일본안내견협회위촉직원, (사)일본동물병원복지협회(JAHA),
공인 가정견 길들이기 instructor. 우량 가정견 보급협회 상무이사.
일본수의 축산대학 대학원 행동신경과학분야.

Naruhodo! Inu no Shinri to Kodo
Supervised by MIZUKOSHI Mina
Copyright © 2003 by SAITO Yuko
All rights reserved.
Original Japanese edition published by Seitosha Co., Ltd.
Korean translation rights arranged through BESTUN KOREA AGENCY
Korean translation rights © 2004 Donghak Publishing Co.

이 책의 한국어판 저작권은 BESTUN KOREA AGENCY를 통해
일본 저작권자와 독점 계약한 동학사(그린홈)에 있습니다.
저작권법에 의해 한국 내에서 보호를 받는 저작물이므로
무단전재나 복제, 광전자 매체 수록 등을 금합니다.

애견의 심리와 행동

펴낸이 | 유재영
펴낸곳 | 그린홈
옮긴이 | 김 환
디자인 | 박준철

1판 1쇄 | 2004년 1월 10일
1판 14쇄 | 2015년 7월 15일

출판등록 | 1907년 11월 27일 제10-149

주소 | 121-884 서울 마포구 토정로 53(합정동)
전화 | 324-6130, 324-6131 · 팩스 | 324-6135
E - 메일 | dhsbook@hanmail.net
홈페이지 | www.donghaksa.co.kr
　　　　　 www.green-home.co.kr

ISBN 89-7190-135-7 13490
● 잘못된 책은 바꾸어 드립니다.

Green Home 자연과 함께 하는 건강한 삶, 반려동물과의 감성 교류, 내 몸을 위한 치유 등
지친 현대인의 생활에 활력을 주고 마음을 힐링시키는 자연주의 라이프를 추구합니다.